Les Jourda de Vaux
Leurs Alliances
Leurs anciens Fiefs

GÉNÉALOGIE DRESSÉE ET ILLUSTRÉE

PAR

Le Vte GASTON de JOURDA de VAUX

1918

LE PUY-EN-VELAY. — IMPRIMERIE PEYRILLER, ROUCHON ET GAMON

LES JOURDA DE VAUX

LES
JOURDA DE VAUX
LEURS ALLIANCES, LEURS ANCIENS FIEFS

ÉTUDE GÉNÉALOGIQUE ET HÉRALDIQUE

ÉTABLIE ET ILLUSTRÉE

PAR

Le Vte GASTON DE JOURDA DE VAUX

MEMBRE ET LAURÉAT DE LA SOCIÉTÉ FRANÇAISE D'ARCHÉOLOGIE
AUTEUR DES « CHATEAUX HISTORIQUES DE LA HAUTE-LOIRE »

LE PUY
IMPRIMERIE PEYRILLER, ROUCHON ET GAMON
BOULEVARD CARNOT, 23
—
1918
(Tous droits réservés)

BIBLIOGRAPHIE, RÉFÉRENCES

GÉNÉALOGIE DE LA MAISON DE JOURDA DE VAUX

Archives départementales de la Loire (papiers Chaleyer) et de la Haute-Loire (Série B, 33), de la Lozère ; — Archives municipales du Puy et de Mende : — Registres paroissiaux de Saint-Jeures-de-Bonas (Comm. de M. L. Favier), de Chamalières-sur-Loire : — Bibl. Nationale, Carrés d'Hozier ; A. Lascombe : *Répert. des hommages rendus à l'Evéché du Puy* : — L. Pascal : *Bibliogr. du Velay et de la Haute-Loire* ; — Truchard du Molin : *La Baronnie de Roche-en-Régnier*, art. Jourda de Vaux ; *Les Officiers généraux de la Haute-Loire* ; — R. Pontvianne : *La Ville et le Canton de Craponne*, art. Beaune ; — Arnaud : *Hist. du Velay*, II ; — H. Martin : *Hist. de France*, XVI ; — *Mémoires de Monsieur de Mautort* ; — *Hist. militaire de la France* (plusieurs années) ; — *Revue du Vivarais* (1909) ; — *Le Rex* (revue nobiliaire) ; — Pol Potier de Courcy : *Hist. chronol. de la Maison royale de France* ; — Abbé Theillère : *Les Châteaux du Velay*, art. Chabanolle, le Rhuiller, etc. ; — R. Portallier : *Tableau général des Victimes et Martyrs de la Révolution* ; — L. de la Roque : *Armor. de Languedoc*, II (convocations aux bans et arrière-bans du Velay) ; — E. Salomon et G. de Jourda de Vaux : *Les Châteaux hist. du Forez*, I, art. Paulat. entre autres ; — G. de Jourda de Vaux et A. Boudon-Lashermes : *Le Vieux Puy* ; — Comm. de MM. les abbés Fabre et Mercier; de M. Biernowski (archiviste départemental de la Loire), de MM. Lucien Favier, E. Salomon, etc. ; — *Lettres de faire part* ; — Général F. Canonge, *Un oublié*, etc.

Avis aux Souscripteurs. — Les nombreux exemplaires souscrits comme devant comporter des planches d'armoiries enluminées par l'auteur et tirées sur papier Japon impérial, n'ont pu être livrés, ledit papier étant introuvable.

INTRODUCTION

'est aux belles alliances qu'elle a contractées, aux fiefs importants qu'elle a possédés, et principalement aux services éminents qu'à toutes ses générations, elle a rendus dans nos armées, que la famille Jourda de Vaux a dû de devenir si rapidement marquante en Velay.

Parmi ses alliances, mentionnons les de Pastural de Beaux, les de Charbonnel, les de la Rochenégly, les de la Rodde, vieilles races chevaleresques, et cette maison de Goyon-Matignon, peut-être la plus ancienne de Bretagne, qui a donné les comtes de Thorigny, aujourd'hui princes de Monaco, sous le nom de *Grimaldi* (1).

Des fiefs possédés par les Jourda, nous ne citerons que celui de Roche-en-Régnier, siège de l'une des plus puissantes baronnies diocésaines de Velay.

Les services éminents rendus dans nos armées, par les de Jourda de Vaux, sont cons-

---

(1) A la suite du mariage, le 20 octobre 1715, de Jacques-François-Léonor Goyon, sire de Matignon et comte de Thorigny, avec Louise-Hippolyte de Grimaldi, princesse de Monaco et duchesse de Valentinois, fille du prince Antoine (1667-1731) et de Marie de Lorraine.

tatés notamment dans les lettres que Louis XIV accorda au mois de mai 1678 [1], et anoblissant à nouveau [2], quatre de leurs membres, « ainsi que leur postérité née ou à naître ». En 1769, Noël de Jourda, comte de Vaux, alors lieutenant-général des armées du Roi, conquérait la Corse, à la France. Le 14 juin 1783, cet officier général, Grand-Croix des Ordres de Saint-Louis et des saints Maurice et Lazare, recevait le bâton de maréchal, « récompense tardive, au dire de toute l'armée, de cinquante-neuf ans de glo-
« rieux services et des preuves de courage et de talent qu'il avait données dans dix-neuf
« sièges, dix combats et quatre batailles ». Le 1ᵉʳ mars 1789, Noël-Gabriel de Jourda, comte de Vaux, neveu du précédent, était promu maréchal de camp des armées du Roi. Peu de familles comptent autant qu'elle, de membres dans les Ordres de Saint-Louis (dont un Grand'Croix) et de la Légion d'Honneur (ces derniers, tous, au titre *militaire*), et de titulaires de la Croix de Guerre.

N'est-il pas un héros, plein d'abnégation, ce jeune artilleur, Ernest-Félix-Marcel Jourda de Chabanolle, qui fut l'objet de cette si touchante citation [3] : « *Atteint mortellement le*
« *26 octobre 1916, par un obus de gros calibre et n'ignorant rien de son état, a montré*
« *un courage magnifique et un esprit de sacrifice remarquable. A dit au moment de mou-*
« *rir : « il est bien préférable que ce soit moi qui ait été touché qu'un père de famille !! »*

Cependant, le plus beau titre dont s'énorgueillit cette famille, celui qui manifeste le plus éloquemment ses convictions monarchiques et religieuses, et qui lui vérifie sa devise : *Pro Deo et Rege*, c'est l'honneur qu'elle a eu de voir trois des siens immolés par la Révolution. Leurs noms sont inscrits sur les tables des monuments expiatoires de la Chartreuse d'Auray et des Brotteaux.

(1) Voyez à l'*Appendice*, un extrait de ces Lettres. Le Roi ne se contenta pas d'anoblir les trois officiers du nom de Jourda de Vaux, ainsi que leur père. Il offrit à celui-ci un fort beau tableau relatant une épisode de la bataille de Seneff, où ces trois fils s'étaient si brillamment distingués. Cette toile, due à Van den Meulen, se trouve au château de Vaux.
(2) Voyez à ce sujet une note de la généalogie de la maison de Chalendar, parue dans la *Revue du Vivarais* (1909).
(3) Ordre du 26 octobre 1916.

PREMIÈRE PARTIE

JOURDA DE VAUX

COMTES ET VICOMTES DE VAUX,
VICOMTES DE VAUX DE FOLETIER,
BARONS DE ROCHE-EN-RÉGNIER,
SEIGNEURS DE VAUX, DU FRAISSE, D'ARTIAS, DE RETOURNAC,
DE BLASSAC, DE LA BESSONNIÈRE, DU VERNET, DE MALIVERNAS,
DE LA GRANGETTE, DU RHUILER, DE GRANOLE, DE DINHAC, ETC.
EN VELAY
SEIGNEURS DE PAULAT, DE FOLETIER, ETC.
EN FORÉZ
SEIGNEURS D'YROUER, DES SAINTES-VERTUS
EN BOURGOGNE

ORIGINE

'après Truchard du Molin (1), les Jourda de Vaux sont originaires du Gévaudan. L'historien des baronnies diocésaines du Velay, parlant du fief du Fraisse, qui leur a appartenu nous dit : « *C'est là qu'on rencontre au temps des derniers* « *Valois, une branchette cadette de la maison Jourda, origi-* « *naire du Gévaudan, appauvrie et dispersée par les guerres civiles, mais* « *qui n'eut besoin que de quelques autres générations pour s'illustrer en* « *Velay* ».

En nous basant sur cette assertion, nous avons recherché dans les annales du Gévaudan, ceux du nom de *Jorda*, ou d'un autre nom approchant, et nous avons trouvé : P. Jorda, chanoine de Pébrac en 1234 (2) ; — François Jordan qui, avocat au Parlement de Toulouse, passa une vente, en 1341, à Pierre Atgier, chanoine de Mende (3) ; — noble dame Bonaface Jordan, laquelle dame du château de la Clause (4) (Gévaudan), et veuve de noble Reymond Itier, testa en 1377 (5) ; — noble Jean Jordan qui, seigneur de Frumac, et du lieu de la Motte, épousa, le 14 mars 1416, Jeanne de Léotoing, fille de Louis de Léotoing, chevalier, seigneur de Montgon, héritier universel de feu Bérard de Léotoing, seigneur de la Clause, et d' « Isabel des Ispaux », en Auvergne (6).

Si aucun titre ne nous prouve que ceux que nous venons de citer en Gévaudan se rattachent réellement à notre maison, il n'en est pas de même pour ceux qui vont suivre. Dès la fin du xvie siècle, des *Jorda*

---

(1) *La Baronnie de Roche-en-Régnier*, 181.
Le maréchal de Vaux n'ignorait pas l'ancienneté de sa famille. En 1783, il écrivait à un Polignac de Saintonge : « Nous ne sommes pas d'une noblesse aussi ancienne que « celle des Vicomtes, mais nous pouvons faire des preuves surabondantes et non équi-« voques pour Malte et l'ordre du Saint-Esprit », (Truchard du Molin, *loc. citée*, 181).

(2) Un an après, noble Pons, seigneur de Goudet (Velay), faisait une reconnaissance au baron de Solignac (Velay); Guigon Jorda, chevalier, fut un des témoins de cet acte (A. Jacotin, *Preuves de la Maison de Polignac*).

(3) Arch. dép. de la Lozère, G. 3175.

(4) De ce castel féodal, situé à 2 lieues de la ville de Saugues (Haute-Loire), il reste un donjon octogonal assez bien conservé, comme on le voit d'après le dessin que nous en donnons ici.

(5) Archiv. municip. de la ville de Mende, li, 15.

(6) Suivant M. l'abbé E. Mercier, les premiers seigneurs de Lardeyrol, en Velay étaient des *Jordani*.

étaient établis dans la paroisse de Saint-Jeures-de-Bonnas ; c'étaient : Jean Jourda, marié à Catherine Changea (1), du Rochain, dont : Marthe (1624-1682) et « noble » Jean ou Noë Jorda, marié le 10 janvier 1671, avec Jeanne Polin, du Rochain, fille de feu Antoine, et de Marguerite Faure, de Fayterne, dont : Antoine, né le 13 mars 1673 ; Isabeau, mariée le 23 novembre 1695, Jean Bonnet (2), fils d'Antoine et de Cécile Sanallier, de la Fayette (par. d'Yssingeaux) ; — Charles Jourda, de la Grangette, marié à Cécile Perret, dont : Catherine, née le 2 juillet 1665 ; — Jean Jourda, de la Grangette, qui de Marie Sellière, eut : 1° Fabre, baptisé le 7 octobre 1629 ; 2° Antoine, baptisé en 1632 ; 3° Mathieu, baptisé le 1er février 1700 ; — Pierre Jourda, marié à Marie de Lolme, de Rochassac, dont Joseph, baptisé le 18 octobre 1672 (parrain : Joseph de Chalendar des Crozes, écuyer ; marraine : Jeanne Le Blanc, femme de Charles de la Rochenégly, chevalier, seigneur de Chamblas) ; — Antoine Jourda, marié à Gabrielle Champanhac, d'où : Jeanne, baptisée le 20 juillet 1673 (marraine : Jeanne de Beaux de la Borie) ; — Antoine Jourda, marié à Marguerite du Molin ou du Moulin du Pont (3), de la Chomette, dont Isabeau, qui épousa, le 19 juin 1696, Jean Mathon, fils de feu Pierre, et d'Anne Périer, de la Rouchouze ; — Antoine Jourda qui, de son mariage avec Isabeau Alibert, de la Molle, eut Jean, baptisé le 19 avril 1713 (parrain : Jean de Besson du Bouchet, écuyer ; marraine : Isabeau Besson du Cluzel, de Salecrup) ; — Marie-Anne Jourda, du Rochain, mariée le 15 octobre 1726, à Pierre Abrial (4), de Charbonerette.

Dans la région de Monistrol (Velay), nous trouvons établis : Mathieu Jourda qui, marchand de Monistrol, fit enregistrer ses armes (*d'azur, à la bande d'or, chargée de 2 étoiles du champ*), et épousa Antoinette Neyron (5), d'où : 1° François, marchand de Monistrol, marié le 11 janvier 1762, à Claudine Champanhac, fille de Jean-Claude, lieutenant en la juridiction d'Yssingeaux, et

(1) A cette famille, originaire de la région de Tence, ont appartenu : Mathieu Changea qui, d'Anne de Romanet, fut père de Marguerite, qui épousa, le 15 janv. 1692, Jacques de Luzy-Pélissac, écuyer, fils de Jean et de Marie Maisonial ; — Jean Changea, possessionné à Piny (par. de Tence) en 1695 ; — Guillaume Changea, notaire à Tence (1719) ; — Mathieu Changea, chirurgien, marié à Jeanne de Luzy, dont Madeleine, mariée le 4 nov. 1720, à Antoine Célier, de Piboulet (par. de Lapte) ; — Marguerite Changea, femme de Gaspard Bernard (1679-1729), notaire à Recours.

(2) Nous rattacherons à cette maison : Claire Bonnet du Fraisse (par. de Saint-Jeures), mariée en 1630, à noble Alexandre du Molin du Pont ; — Antoine-Joseph-Balthazard Bonnet de Treiches fils de Charles, seigneur de Tresches et de Chabanoles, juge de la ville d'Yssingeaux, et des mandements de Mézères, Retournac, Fay et Bellecombe), né en 1722, juge-mage de la sénéchaussée du Puy, député du Tiers-État en 1789, et dont le fils se dénommait : « Bonnet de Chabanol ».

(3) Du Molin (anciennement : du Moulin), du Molin du Pont de Ligonnès (Vivarais) : *de gueules, au heaume d'or, accompagné de trois étoiles d'argent ; 2 en chef, et 1 en pointe* (Pl. III, fig. 26 ; *Supplément*. Voyez au *Supplément*, note 23.

(4) Par sentence du tribunal criminel de la Haute-Loire, du 22 juillet 1794, furent condamnés à mort : Jacques Abrial, Marianne Chalendar, sa femme, ainsi qu'Isabeau, leur fille. Ils étaient accusés d'avoir caché chez eux des prêtres et des « individus suspects ».

(5) De la même famille, nous le présumons, que les Neyron de Saint-Julien (originaires également de Monistrol), dont les armes se lisent : *d'azur, au héron d'argent ; au chef cousu de gueules, chargé de trois étoiles d'or* (Pl. I, fig. 10 ; *Supplément*). Fils de François Neyron, greffier du bailliage de Monistrol, et de Marie Brun, autre François, seigneur de Chabannes (dès 1724), et maire perpétuel de Monistrol, épousa, le 28 nov. 1714, Benoîte Lafond, fille de J.-B., et de Claudine Vial (dont postérité établie à Monistrol, et à laquelle semble bien avoir appartenu *Antoinette Neyron*, femme de *Mathieu Jourda*). Marcellin Neyron, frère cadet de François précité, fut la tige de la branche dite de Roche-la-Molière (Forez).

de Madeleine Roche (décédée en 1762); 2° Anne, morte le 19 floréal an IV, ayant épousé, le 22 janvier 1764, Hilaire Girard (1), écuyer (1735-an IV), seigneur de Montméa1; 3° Marianne, née le 8 mars 1732, mariée à son cousin-germain Jean du Molin, écuyer, fils de Mathieu, et de Marianne Neyron.

(1) Girard (Velay) : *d'azur, à une balustrade, terrassée; à un oiseau perché fixant un soleil, au premier canton ; le tout d'or* (Pl. III, fig. 3; *Supplément*). Voy. note 16 du *Supplément*.

GÉNÉALOGIE DES JOURDA DE VAUX
SEIGNEURS DE VAUX

Armes : *d'azur, à la bande d'or, chargée de deux étoiles d'azur* (D'Hozier); alias : *d'azur, à la bande d'or, accompagnée de deux étoiles d'argent, 1 en chef, et 1 en pointe* ; alias : *d'or, à la bande de gueules, chargée de trois croissants d'argent*. **Devises** : *Pro Deo et Rege ; — Terror Belli Decus Pacis* (1). **Supports** : deux lions. **Couronne** de marquis (2).

ETTE famille remonte en filiation depuis :

Ier DEGRÉ

Giraud JORDA, qui épousa *Jeanne* GIBERT (3), dont plusieurs enfants, qui firent souche au Rochain, à la Grangette, à la Chomette, à la Molle, à Pélinac et au Fraisse. De ces derniers, fut :

IIe DEGRÉ

Jehan JORDA, « meusnier du Fraisse ». Il épousa *Charlotte* FAU, et testa le 24 octobre 1607, devant Me Dufau, notaire. Il laissa :

IIIe DEGRÉ

Noël JOURDA, notaire royal, procureur, puis seigneur du Fraisse (4) et de Blassac. Né en 1580,

---

(1-2) Le maréchal de Vaux avait pris des armes rappelant celles de sa mère (née de Saint-Germain, en Dauphiné), et la devise gravée sur son bâton de maréchal de France. Le tout est porté par le rameau dit du Rhuillier, auquel appartient le chef de nom et d'armes de cette maison.

(3) GIBERT, GIBERT DE CHAZOTTE (Velay) : *d'azur, au chevron d'or, accompagné de trois étoiles d'argent, 2 en chef, et 1 en pointe* (Pl. I, fig. 1 ; *Supplément*). Voy. note 15 du *Supplément*.

(4) Voy. note 4 ; *IIIe Partie*.

il épousa, le 13 février 1609, *Antoinette* DE TORRENC ou DE THORRENC (1), dame de Blassac en Velay, décédée le 13 février 1679, fille et héritière de *Reymond*, écuyer, seigneur de Blassac, et de *N*. FAURL, dont : 1° *Jean*, qui suivra ; 2° *Benoit*, auteur de la branche dite de Foletier ; 3° *Laurent*, tige de celle dite des Ollières ; 4° *Jacques-Vital-Marcellin*, curé de Saint-Victor-Malescours, chanoine de la collégiale de Monistrol (1668) ; 5° *Noël-Marcellin*, bourgeois de la ville de Lyon ; 6° *Jacques*, maître-apothicaire à Monistrol (1680) ; 7° *Françoise*, mariée le 22 mai 1669, à *Antoine* DE LA ROCHE, maître-chirurgien à Beauzac ; 8° *Gabrielle*, femme de *Claude-Antoine* ROCHIER, de Bellecombe ; 9° *Marie*, mariée à *Charles* DE VERON DU FORT (2), écuyer, fils de *Charles*, seigneur du Fort, et de *Clauda* PASCALON.

IVe DEGRÉ

Jean JOURDA DE VAUX, écuyer, anobli à nouveau avec ses trois fils et leur postérité (lettres royaux (3) du mois de mai 1678), seigneur de Vaux, le Fraisse, Blassac, Beaune, Artias, Retournac ; seigneur et baron de Roche-en-Régnier et des États de Velay. Il épousa au château de Beaux en Velay, le 1er juin 1637, *Claire* DE PASTURAL DE BEAUX (4), fille de *Balthazar*, écuyer, seigneur de Beaux, et de noble *Jeanne* DE FAYET (5), dite *de Vergezac*. Il testa le 27 mars 1662, ayant été le père de : 1° *Noël*, qui suivra ; 2° *François*, tige de la branche dite de Chabanolle ; 3° *Laurent*, écuyer, mort cadet au régiment de Champagne (6) ; 4° *Claire*, mariée en premières noces, le 27 mai 1682, à *Pierre-Charles-Joseph* DE CHALENDAR (7), écuyer, seigneur des Crozes et du Chambonnet, fils de *Joseph-Charles*, et de noble *Anna* VERON DE LA BORIE (8) ; et en deuxièmes noces, le 7 juin 1701, avec *Louis* DU LAC (9), écuyer, seigneur de Guitard, fils de *Louis*, écuyer, seigneur de Gratuze, et de *Marguerite* TRIOLLENC ; 5° *Jeanne*, dite *Mademoiselle de Bellecombe* ; 6° *Antoinette*, religieuse au Puy en 1656 ; 7° *Flavie* ou *Marie-Fleurie* ou *Florie*, mariée le

---

(1) DE THORRENC OU DE TORRENC (Velay) : *de sable, au lion d'argent couronné d'or, et sommé d'une fleur de lys de même* (Pl. I, fig. 2 ; *Supplément*). De cette famille (éteinte au XVIIe s.), fut Robert Thorrenc, seigneur de Saint-Maurice-de-Lignon, marié vers 1450, à Camargne Guérin de Pouzols. Son arrière-petit-fils, Jean de Thorrenc, écuyer, juge-mage de la sénéchaussée du Puy (1564-1574), eut de Jeanne de Fay-Gerlande : noble Jean, marié à Ylaire de la Garde, dont deux filles : Jeanne, dame de Lignon en Velay, mariée à Jacques de Fay, seigneur de Sainte-Sigolène, puis à Marc de Beaumont de Rochemure ; 2° Cécile, mariée en 1626, à Nicolas de Clavières, seigneur de Martinas, puis à son beau-frère de Beaumont-Rochemure. Nous n'avons pu identifier Reymond de Torrenc.

(2) DE VERON DU FORT (Velay) : *d'azur, à une fasce d'argent brochante sur deux tours penchées de même et se touchant vers la base, et sommée d'une fleur de lys d'or* (Pl. I, fig. 29 ; *Supplément*). Voy. la note 42 du *Supplément*.

(3) Le Roi jugeant que la plus haute récompense qu'il peut décerner est celle de l'anoblissement, la confère à son « bien-aimé Jean Jourda, sieur de Vaux, de la province de Languedoc...., qui « a pris un soing si particulier « d'élever ses enfants, dans la même vertu et inclination à le servir.... » (Arch. dép. de la Haute-Loire, B. 33).

(4) DE PASTURAL DE BEAUX (Velay) : *d'azur, à l'agneau paissant, sommé de deux jumelles, surmontées d'une rose ; le tout d'argent* (Pl. II, fig. 16 ; *Supplément*). Voy. note 26 du *Supplément*).

(5) DE FAYET (Velay) : *d'or, à trois annelets d'azur* (Pl. III, fig. 4 ; *Supplément*).

(6) Lettres royaux du mois de mai 1678 (Arch. dép. de la Haute-Loire, B., 33).

(7) DE CHALENDAR (Vivarais) : Armes de la branche des Crozes : *d'azur, au levrier passant d'argent, à trois étoiles d'or, rangées en chef* (Pl. fig. 4 ; *Supplément*). Voy. note 7 *bis* ; *Supplément*.

(8) DE VERON DE LABORIE OU DE LA BORIE (Velay) : *d'azur, à trois pals d'argent*. (Pl. III, fig. 2, *Supplément*).

(9) DU LAC (Velay) : *d'azur, à deux têtes et cols de lion, adossés d'or ; au chef de même* (Pl. I, fig. 7 ; *Supplément*). Voy. note 20 du *Supplément*.

29 avril 1670, à *Pierre* Bernard de Vertaure (1), bailli de Vorey en Velay, fils d'autre *Pierre*, seigneur du Champ, et de *Claude* Périer (2).

Ve DEGRÉ

Noël Jourda, écuyer, seigneur de Vaux, Retournac, Artias (3) ; seigneur et baron de Roche-en-Régnier (4) et des Etats de Velay ; seigneur de Paulat, Brotel, Champes ; convoqué au ban et arrière-ban de Languedoc (lettres royaux datées de Versailles du 26 février 1689) ; lieutenant dans Condé-Cavalerie (5), dès 1673 ; fit enregistrer ses armes. Il avait épousé : 1° en 1677, *Claire* de Pinhac de la Borie (6), fille de *Charles*, écuyer, seigneur de la Borie en Velay, et de *Claire* Charrier ; 2° le 30 avril 1697, au château de Paulat, *Catherine* Duon (7), dame de Champes, Brotel et Paulat, fille d'*Alexandre*, et d'*Anne* Tardy de Pleney. Du 1er lit naquirent : 1° *Jean-Baptiste*, qui suivra; 2° *Claire*, religieuse au couvent de Saint-Maurice-de-Lignon en Velay ; 3° *Jeanne-Marie*, religieuse à celui de Monistrol en Velay ; 4° *Anne-Marie*, qui épousa le 9 juillet 1709, *Noë* de Morandin (8), écuyer, seigneur de la Mure, fils de *N.* et de *N.* du Faure ; du deuxième lit ; 5° *Marc*, reporté au degré suivant.

VIe DEGRÉ

Jean-Baptiste de Jourda de Vaux, dit *Monsieur de Retournac*, seigneur dudit lieu, Vaux, Artias, Dinhac (9), Paulat, Brotel, Champes, etc.; baron de Roche-en-Régnier et des Etats de Velay, né le 10 février 1687, épousa par contrat du 14 janvier 1703 (10). *Marie-Anne* de Saint-Germain (11), fille de noble *Marc* (cité au degré précédent), seigneur de Champes, et de

(1) Bernard de Vertaure (Velay) : *de gueules, au léopard d'or* (Pl. I, fig. 8 ; *Supplément*). Voy. note 5 du *Supplément*.

(2) Périer (Velay) : *d'or, au poirier de sinople, fruité de même*.

(3) Voy. sur ce fief, note 6 de la *IIIe Partie*.

(4) Voy. pour cette baronnie, la note 2 de la *IIIe Partie*.

(5) « ... dès l'année 1673, Noël l'aîné (des enfants de Jean Jourda, seigneur de Vaux) mérita une lieutenance dans « le régiment de Condé où il a depuis rendu ses services en tous les sièges, batailles et rencontres qui se sont « offertes sous le commandement de nostre très cher cousin le prince de Condé et de nos cousins les maréchaux de « Luxembourg et de Créquy, notamment au siège de Maëstricht à la garde du canon où il fut blessé d'une volée de « canon à la cuisse, son cheval emporté sous lui, à la bataille de Senef, blessé d'une mousquetade à la main et fait « prisonnier aussi estant en party a minore par un party de Namur ce qui auroiets si peu (?) reffroidy son courage « qu'il n'a point désemparé et sert encore actuellement. »

(6) De Pinhac (Velay) : *d'argent, au pin de sinople* (Pl. I, fig. 9 ; *Supplément*). Voy. note 28 du *Supplément*.

(7) Duon (Forez) : *de gueules, à une fasce d'or, accompagnée de trois cailloux d'argent, 2 et 1* (Pl. II. Fig. 13 ; *Supplément*).

(8) De Morandin (Forez) : *d'argent, au chevron d'azur, accompagné en pointe, d'une tête de maure de sable* (Pl. I. Fig. 11 ; *Supplément*). De ce mariage, naquit Claudine de Morandin, qui épousa, le 3 août 1747, Jean-Antoine Baud ou Beaud, seigneur de Brives près le Puy.

(9) Les droits de lods de Dinhac (par de Roche-en-Régnier) donnèrent lieu en 1775, à une transaction entre le Chapitre du Puy et le Maréchal de Vaux. (*Arch. dép. de la Loire, papiers Chaleyer*).

(10) La mariée apporta en dot, la somme de 30,000 livres, plus des augments de 12,000 livres de 4,500 livres. Sa mère lui abandonna, ainsi qu'à son mari, le château de Brotel en Dauphiné (*Ibid.*).

(11) De Saint Germain (Dauphiné) : *d'or, à la bande d'azur, chargée de trois croissants d'argent* (Pl. I. Fig. 12; *Supplément*). Voy. note 37 du *Supplément*.

Catherine Duon (1), dame de Paulat. Ils ne vivaient plus le 20 décembre 1754 (date du partage de leur succession, par leurs enfants).
Ils laissèrent : 1° *Noël*, qui suivra; 2° *Noël-Joseph*, dit *le chevalier de Vaux*, écuyer, capitaine au régiment d'Angoumois, chevalier de Saint-Louis (2) ; 3° *Marc*, dit *de* Champes, écuyer, capitaine au régiment d'Auvergne, démissionnaire, chevalier de Saint-Louis, marié à *Jeanne-Marie* Exbrayat du Bouchet (3) (dite « *Dubouchet* »), et qui testa en faveur de son neveu, *Noël-Gabriel*, dit *le baron de Vaux*; 4° *Jean-Baptiste*, dit le *vicomte de Beaune*, reporté au VII° degré *bis*); 5° *Marie-Louise* (4), mariée en premières noces, le 17 janvier 1738, à *Pierre* Exbrayat de Créaux (5), écuyer, capitaine au régiment de Mortemart-infanterie, fils de *Claude-Thomas*, et de noble *Marie-Anne* de Véron (6); et en deuxièmes noces, avec *Antoine-Vosy* Lamyc (7), écuyer, ancien major dans Septimanie-cavalerie, fils d'*Ignace-Pascal*, écuyer,

(1) Duon (Forez): *d'argent à la fasce d'or, accompagnée de trois cailloux d'argent*, 2 en chef, et 1 en pointe (Pl. II, fig. 13; *Supplément*). Voy. note 13 du *Supplément*).

(2) Lieutenant au régiment d'Auvergne (21 juin 1739), capitaine en 2ᵐᵉ au régiment d'Angoumois (8 juin 1753), en 1ᵉʳ audit régiment ; blessé au siège de Prague et à Ettingen. Mis à la retraite, avec une pension de 1,000 livres (1752), il mourut à Paulat, dans sa 53ᵉ année (13 septembre 1774).

(3) De la même maison que les Exbrayat de Créaux et du Rivaux (Durivaux), de Pralas de Rosières, etc., dont nous donnerons ailleurs armes et notes.

(4) Marie-Louise, « *douée d'une grande beauté et qui conserva cet avantage jusqu'aux années voisines de la vieillesse* », devenue veuve de son premier mari, se retira dans l'hôtel particulier que son père possédait au Puy. Cet immeuble, qui se trouve actuellement contigu à celui des de Chaumeils de la Coste, en la rue Rochetaillade (Haute-Ville), a remplacé un autre hôtel, qui occupait, en face, l'emplacement où l'on a construit le couvent des dames de Saint-Charles.

(5) Exbrayat de Créaux, E. du Rivaux (actuellement Durivaux), E. de Pralas de Rosières, E. du Bouchet, etc. (Haut-Vivarais) : *d'azur, à deux massues d'or, mises en sautoir ; au chef de même, chargé d'une tête de loup de sable* (Pl. I, Fig. 13; *Supplément*). Voy. note du *Supplément* 13 bis.

(6) Elle était fille de Thomas de Véron, écuyer, seigneur de Saint-Julien-Molhesabate, et de noble Blanche de la Franchière (mariage du 29 octobre 1651). Son frère, Jean-François de Véron, écuyer, chevalier de Saint-Louis, épousa, le 8 août 1701, noble Louise de Banne de Boissy, dont postérité.

(7) Lamyc ou Lamic (Velay) ; *d'azur, à une fleur de lys d'argent, accompagnée en chef de deux étoiles d'or, et en pointe, d'un croissant de même* (Pl. I. Fig. 15 ; *Supplément*). Famille éteinte, qui avait été anoblie en la personne d'Ignace-Pascal Lamyc, dit le *Mylord*, baron de Lardeyrol en Velay, capitoul de Toulouse, et 1ᵉʳ consul du Puy en 1723. Il fut l'aïeul d'Antoine-Vosy Lamyc, frère d'Ignace-Bertrand-Benoît, baron de Lardeyrol, mort s. p., et de Bertrand Lamye, marié à Marie Pélissier.

et d'*Anne-Marie* BERTRAND (1); 6° *Jeanne-Marie*, qui épousa, le 12 novembre 1743, *Armand-Noé* d'AGULHAC DE SOULAGES (2), écuyer, seigneur de Soulages en Gévaudan, fils d'*André-Joseph*, et de *Marie-Jeanne* DE BUFFIÈRE; 7° *N.*, abbesse de Sainte-Claire à Annonay, le 6 octobre 1777 (3); 8° *N.*, religieuse ursuline à Saint-Etienne, en 1768.

VIIe DEGRÉ

Noël DE JOURDA, comte DE VAUX (4) (12 mars 1705[5]-12 sept. 1788), maréchal de France, Grand Croix de Saint-Louis et des Saints Maurice et Lazare, conquérant et pacificateur de la Corse, baron de Roche-en-Régnier et des États de Velay, seigneur d'Yrouer, de Saintes-Vertus, etc., etc., épousa au château de Saint-Amour (Beaujolais), le 21 novembre 1741, *Jeanne-Marie-Philiberte-Huberte* DE LA PORTE (6), fille de noble *Jean*, et de *N.*, dame de Montigny; et testa le 26 juillet 1788 (7). De ce mariage naquirent : 1° *N.*, né le 12 novembre 1744, mort jeune; 2° *Jeanne-Marie-Thérèse* (1er oct. 1745-avr. 1832), dame de Paray (8), mariée le 3 septembre 1765, à *Louis-Malo-Gabriel*, marquis DE VAUBOREL (9), capitaine dans Bourbon-cavalerie; 3° *Adèle-Marie-Louise*, qui épousa en premières noces, le

(1) BERTRAND OU DE BERTRAND (Velay) : *d'azur, à trois flambeaux d'argent, allumés de gueules.* Pl. III, Fig. 5, *Supplément*).

(2) D'AGULHAC DE SOULAGES (Gévaudan) : *de gueules, à deux épées hautes d'argent, mises en sautoir ; au chef cousu d'azur, chargé de trois étoiles d'or* (Pl. I. Fig. 16, *Supplément*). Voyez sur cette maison, note 1 du *Supplément*.

(3) Ses lettres étaient timbrées d'un cachet de cire rouge, à un écu : *de..., à une barre de..., chargée de deux étoiles de...* (Arch. dép. de la Loire ; papiers *Chaleyer*).

(4) Voy. à la *IIe Partie*, les notes le concernant.

(5) Voy note 2 de la IIe partie, la copie de son état baptistaire.

(6) DE LA PORTE (Dauphiné) : *de gueules, à la croix d'or* (Pl. I, fig. 17 ; *Supplément*). Cette maison, représentée aux Croisades, s'est éteinte dans celle des de Marcieu.

(7) Ayant légué à Noël de Vaux, son neveu, ses terres de Vaux, de Blassac, sa forêt de Sagnes, la partie du mandement d'Artias (s'étendant sur la rive droite de la Loire) et son titre de baron de Roche, il lui substitua, dans le cas où le dit neveu mourait sans enfants mâles (ce qui arriva en 1807), le fils aîné de la branche dite *du Rhuiller*. Il donna à son petit-fils, Louis de Fougières, ses terres de Roche, Retournac et d'Irouer, lui substituant, faute d'enfants mâles dans les trois premières générations, son neveu Noël, puis la branche *du Rhuiller* (abbé Theillière, *Les Châteaux du Velay*, I).

(8) En 1840, son corps fut mis dans le tombeau surmonté d'un mausolée, élevé pour recevoir le cœur de son père, le maréchal de Vaux. Sur l'une des faces de ce monument qui s'élève à Paray, on lit :

Cy git le cœur d'un vrai héros
Dans la paix et sous les drapeaux
Il consacra toute sa vie
A bien servir son Dieu, son Prince et sa Patrie

....

(9) DE VAUBOREL : *d'azur, à la tour crenelée d'argent* (Pl. I, fig. 13 ; *Supplément*).

Chargé en 1769, par son oncle, le comte de Vaux, d'apporter au Roi la nouvelle de la prise de la place de Corte, il reçut le commandement du Royal-Roussillon. Après s'être distingué dans l'armée du prince de Condé, il rentra en France, où il mourut en Lorraine, avec le grade de maréchal de camp. On ne lui connaît pas de postérité (D'Esquevilly, *Campagnes de l'armée de Condé* ; etc.).

29 septembre 1770, *François-Marie*, comte DE FOUGIÈRES (1), maréchal de camp (2); et en deuxièmes noces, le 1ᵉʳ août 1789, à *Charles-Albert* DE MORÉ DE PONTGIBAUD (3), chevalier, capitaine-major de dragons, deuxième fils de *César*, chevalier, et de noble *Julie* D'IRUMBERRY DE SALABERRY (4).

BRANCHE B (des Seigneurs de Vaux).

VIIᵉ DEGRÉS *bis*.

Jean-Baptiste DE JOURDA DE VAUX, dit *le vicomte de Beaune*, écuyer (troisième fils de noble *Jean-Baptiste*, et de noble *Marie* DE SAINT-GERMAIN), ancien officier dans Auvergne, épousa au château de Coïssette, par contrat du 5 décembre 1743, *Marie* ARMANDON, dame de Coïssette (par. du Chambon, au mandement d'Ambert), décédée le 15 mars 1785, fille de *Cosme*, bailli de Saint-Bonnet-le-Châtel, et de *Françoise* TEYRAS, dont : 1° *N*. écuyer, décédé en 1777; 2° *Noël-Gabriel* DE JOURDA, comte DE VAUX, dit *le baron de Vaux*, écuyer (22 nov. 1747-27 avr. 1807), seigneur et baron de Roche-en-Régnier et des États de Velay, etc., maréchal de camp des armées du Roi (5), chevalier de Saint-Louis ; marié le 1ᵉʳ octobre 1791, à noble *Laurence-Eugénie* DE LA RODDE DE SAINT-HAON (6) (1772-30 oct. 1853), fille du comte *Henri-Hyacinthe-César*, comte DE SAINT-HAON, baron des États de Languedoc et des États de Velay, et de noble *Thérèse-Guillemette* PÉRIÉ. Par son testament daté du 16 décembre 1806, il confirma les dernières volontés de son oncle, le maréchal de Vaux, et mourut sans laisser de postérité.

(1) Famille que nous n'avons pu identifier.
(2) De ce mariage naquit le comte Louis de Fougières, premier gentilhomme de la chambre de Charles X. Sa fille épousa le marquis de Nicolaï.
(3) DE MORÉ DE PONTGIBAUD (Gévaudan) : *de gueules, à trois bandes d'or; au franc-canton d'hermine* (Pl. I, Fig. 20; *Supplément*). Voy. note 24 du *Supplément*).
(4) D'IRUMBERRY DE SALABERRY (Orléanais) : *d'or, au lion de gueules; écartelé : parti de Béarn et de gueules, à la croix pommelée d'argent ; à la bordure d'azur, chargée de 8 flanchis d'argent* (Pl. III, Fig. 19; *Supplément*).
(5) Voy. note 8 de la *IIᵉ Partie*.
(6) DE LA RODDE, DE LA RODDE DE SAINT-HAON (Gévaudan) : *d'azur, à la roue d'or* (qui est de la Rodde); *au chef d'argent chargé de trois chevrons de gueules posés en fasce* (qui est de Séneujols ancien); *écartelé de gueules, à la bande d'or* (qui est de Saint-Haon) (Pl. I, Fig. 14; *Supplément*). (Cet énoncé nous est fourni par G. Paul, *loc. cit.*).
Devise : *Audaces fortuna juvat*. Voy. note 34 du *Supplément*.

BRANCHE DITE DE CHABANOLLE [1]

Armes (à l'exception de son rameau dit du Rhuiller) : *d'azur, à la bande d'or, accompagnée de deux étoiles d'argent 1 en chef et 1 en pointe*. **Devise** : *Pro Deo et Rege*.

Après la branche aînée des Jourda de Vaux, nous étudions la généalogie de celle dite *de Chabanolle*, c'est à cause de son rameau dit *du Rhuiller* (substitué à la branche aînée, suivant les dernières volontés du maréchal de Vaux). Cette branche a eu pour auteur :

V° DEGRÉ bis.

François JOURDA DE VAUX, dit *du Fraisse*, écuyer, seigneur de Chabanolle, du Fraisse, etc.; officier des armées du Roi [2], convoqué au ban et arrière-ban, en 1691 et 1696, fit enregistrer ses armes. Il épousa, le 30 juillet 1686, *Jacqueline* DE TERRASSE DE CHABANOLLE [3], dame dudit lieu, qui testa le 24 avril 1737, étant fille de *François*, écuyer, seigneur de Chabanolle, et de *Marguerite*

[1] Voy. sur Chabanolle, la note 3 de la *III° Partie*.

[2] « ..... ne sestant pas moins signalé (que son frère aîné) au siège de Philippsbourg où destaché en party, « il reçut une mousquetade à la tête et au siège de Frisbourg où il a esté aussy blessé d'une mousquetade à la « main et en plusieurs autres occasions importantes où il a donné des preuves de son intrépidité... (*Lettres royaux* « *de mai 1678*).

[3] DE TERRASSE DE CHABANOLLE (Velay) : *d'azur, à la fasce d'or, accompagnée en chef, d'une fleur de lys d'argent, accostée de deux étoiles d'or ; et en pointe, d'une fleur de lys d'argent* (Pl. I, Fig. 21 : *Supplément*). Voy. note 39 du *Supplément*.

DE MOREL DE LA COLOMBE DE LA CHAPELLE (1). Il testa en 1701, laissant : 1° *Jean*, qui suivra; 2° autre *Jean* ; 3° *Marie-Françoise*, s. all.

VIe DEGRÉ

Jean JOURDA DE VAUX DE CHABANOLLE (2), écuyer, seigneur dudit lieu, de Granoue, du Rhuiller, du Vernet, etc., épousa à Chamalières, le 2 avril 1719, *Jeanne-Marie* USSON (3), dame de Granoue et du Rhuiller, fille et héritière de *Claude*, et de noble *Anna* DE LA CHASSAIGNE DE SEREYS (4). Ayant testé le 22 mars 1734 (5), il ne vivait plus, le 19 décembre 1739. Il fut père de : 1° *Jean-Claude*, qui suivra; 2° *Jean*, écuyer, capitaine aux armées du Roi ; 3° *Marie-Françoise*, née le 4 février 1722, mariée le 2 octobre 1739, à *Jean-Baptiste* DE MOREL DE LA COLOMBE (6), écuyer, seigneur de la Chapelle-sur-Usson, fils de *Jean*, chevalier, et de noble *Marie* AUBERT DE PARPASSET (7); 5° *Marie-Françoise*, baptisée le 12 avril 1723, à Chamalières ; 6° *Jean-François*, écuyer ; 7° *Jean-Paul*, dit *du Vernet*, écuyer, tige du rameau dit *du Vernet* ; 8° *Claude*, écuyer, auteur du rameau dit *du Rhuiller* ; 9° *Anne-Marie*.

VIIe DEGRÉ

Jean-Claude JOURDA DE VAUX DE CHABANOLLE, écuyer, seigneur de Chabanolle, la Bastide, Dinhac. Baptisé le 30 septembre 1759, il épousa dans la chapelle du château de Chabanolle, le 3 novembre 1772, *Marguerite* MONATE (veuve de *Paul* ROCHETTE, avocat en Parlement) (8), fille de *Julien*, et de *Marie* AUBERT, de la paroisse de Rosières (D. du Puy); et mourut sans postérité, instituant héritier son neveu, qui suit :

---

(1) DE MOREL DE LA COLOMBE DE LA CHAPELLE (Auvergne) (armes portées à cette époque) : *d'azur, à deux étoiles d'argent et à une colombe de même en pointe* (Pl. I, Fig. 23 ; *Supplément*). Voy. note 25 du *Supplément*.

(2) C'est sous le nom : *Jourda de Vaux de Chabanolle* que M. l'abbé Theillière (*Châteaux du Velay*, I) cite tous les membres de cette branche, tandis que ceux qui la représentent, portent dans leurs états civils celui de : *Jourda de Chabanolle*. Une rectification d'actes s'imposerait, il nous semble.

(3) USSON (Velay) : *d'hermine, au chevron losangé d'or et de sinople* (Pl. I, fig. 22 ; *Supplément*). De cette famille, citons : Vidal Usson, notaire à Chamalières (1669); François Usson, père de : 1° Jean, mariée à Claude Girard dame de Granoue et du Rhuller; 2° Claude, héritier du précédent, et père de Jeanne précitée; 3° Catherine, mariée en 1680, à Florin Beldon, de Craponne. La veuve de Jean Jourda de Vaux de Chabanoles ayant adressé une requête à l'Intendant de Languedoc, à l'effet d'être déchargée du paiement des droits de franc-fief, une ordonnance délivrée par celui-ci, le 12 déc. 1746, fit droit à sa réclamation (basée sur la noblesse de son mari). Cette requête nous a fourni ainsi, de précieuses données pour cette étude.

(4) DE LA CHASSAIGNE DE SEREYS (Auvergne) : *d'azur, au dauphin d'or, pâmé, en bande, accompagné de 5 étoiles rangées en orle* (qui est de la Chassaigne) ; *écartelé : d'or, à l'aigle éployée de sable, becquée, membrée, de gueules ; à la bordure de sable, chargée de 10 fleurs de lys d'or, en orle* (qui est de Sereys). Devise : *Unguibus et rostro*. (Pl. III, Fig. 8 ; *Supplément*).

(5) Le 3 mai 1745, sa veuve remettait à son fils Jean-Claude, sa succession évaluée à 12,120 livres.

(6) DE MOREL DE LA COLOMBE (Auvergne) : *d'azur, à deux étoiles d'argent, à une colombe de même, en pointe*. Pl. I, Fig. 23 ; *Supplément*). Voy. la note 25 du *Supplément*.

(7) AUBERT DE PARPASSET (Auvergne) : *d'or, au sautoir d'azur; écartelé d'argent, à une rencontre de bœuf de gueules* (Pl. II. Fig. 20 ; *Supplément*).

(8) Dont : Claudine Rochette, mariée le 21 sept. 1769, à Jean-Antoine Roche, bourgeois de Mercœur, en Velay (dont les Roche des Breux).

VIIIe DEGRÉ

Jean-Claude JOURDA DE VAUX DE CHABANOLLE, écuyer, seigneur de Chabanolle et du Vernet, baptisé le 30 septembre 1759, épousa, par contrat du 13 octobre 1785, sa cousine-germaine *Jeanne-Marie-Claudine* JOURDA DE VAUX DE CHABANOLLE (1), fille de *Jean*, écuyer, seigneur du Rhuiller, et de noble *Marie-Magdeleine* DE LA ROCHENÉGLY (2), dont : 1° *Jean-Claude*, écuyer, né le 2 août 1787 ; 2° *Noël*, écuyer, né le 27 octobre 1789 ; 3° *Marie-Julie*, née en 1791, mariée à N. TESTONNIÈRE, du Puy ; 4° *Marie-Magdeleine-Sophie*, née le 27 juin 1792, femme de *François Gignoux* ; 5° *Jean-Claude*, qui suivra ; 6° *Auguste*, tige du rameau C, dont nous parlerons.

IXe DEGRÉ

Claude-Hector JOURDA DE VAUX DE CHABANOLLE (6 pluviôse an V-1866), épousa à Pradelles (Haute-Loire), le 27 août 1820, *Rose-Olympe* CARDI DE SANSONNETTI (3) (1794-1871), fille d'*Antoine*, capitaine au 3e régiment d'infanterie, et d'*Henriette* MATHIEU, dont : 1° *Amable*, décédé en 1848 ; 2° *Emilie*, décédée en 1879, ayant épousé *Isidore* CHAZAL DE MAURIAC (4), fils de *Laurent-Barthélemy*, seigneur de Mauriac en Velay, et de *Marie* COLLANGETTES ; 3° *Jules*, qui suivra ; 4° *Xavier* ; 5° *Fleury* ; 6° *Victorine* (1830-1884), religieuse de Saint-Joseph à Retournac ; 7° *Agathe* (5 févr. 1832-28 janv. 1913), s. all. ; 8° *Jean-Hippolyte* (en religion : frère *Antonio*) (5) (9 mai 1843-28 avr. 1900), mariste en Nouvelle-Calédonie, où il mourut ; 9° *Marie*, religieuse de Saint-Antoine de Villeneuve ; 10° *Eugénie*, mariée à N. Malègue ; 11° *Virginie*, dite *Emma*, mariée à *Augustin* DUFAU.

Xe DEGRÉ

Jules JOURDA DE VAUX DE CHABANOLLE (1826-26 avr. 1868), épousa le 25 novembre 1863, *Célestine* FAVIER (6), fille de *Benoît*, et de *Jeanne-Marie* CHOVELON, d'où : 1°-3° *Hector, Marie* et *Maria*, morts en bas âge.

(1) Ce fut chez elle, à Retournac, que se réfugia le marquis de Surville, commandant pour le Roi, en Velay, Vivarais et Haute Auvergne. Ce héros royaliste, qui fut fusillé au Puy, en octobre 1798, avait confié à Mme de Vaux, les poésies de son aïeule, Clotilde de Vallon-Chalys, dame de Surville, au xve siècle. En 1802, Mme de Vaux les adressa à la veuve du marquis (Dr A. Tourette, *Quelques mots sur Vals et ses environs*).
(2) DE LA ROCHENÉGLY (Auvergne) : *d'argent, à l'aigle de sable, posée sur un mont de même ; alias : de sinople* (Pl. I, Fig. 27 ; *Supplément*). Voy. note 33 du *Supplément*.
(3) CARDI DE SANSONNETTI (Corse) : *écartelé : aux 1 et 4 : d'azur, à une tour crénelée, soutenue à senestre, d'un lion, et sommée de 3 étoiles rangées en chef ; le tout d'argent ; aux 2 et 3 : de gueules, à un arbre de..., sur un mont de..., et cadastré d'une étoile de..., au 1er canton ; à un sansonnet de..., perché sur la cîme de l'arbre* (Comm. de M. de Chabanolle) (Pl. I, Fig. 5 ; *Supplément*).
(4) Voy. sur cette famille, la note 9 du *Supplément*.
(5) Voy. note 9 de la *IIe partie*.
(6) Nous ne connaissons que trois degrés de la généalogie de cette famille : I Jacques Favier, ép. Marie Pellet ; II Antoine Favier (1802-1856), ép. le 3 sept. 1837, Marie-Anne de la Tour de la Rochette (1810-1876), fille de Louis-Joseph-Florimond, et de Marie-Louise Exbrayat du Rivaux de Créaux ; III Lucien, né le 20 déc. 1839, directeur d'assurances à Lyon, ép. le 1er juil. 1863, Sophie Rouvère (1838-1908), fille de Pierre-François, et de Sophie Peyreuze, dont : 1° Léon, né le 4 juil. 1867, directeur d'assurances à Lyon ; 2° Marie-Joséphine, mariée le 2 juin 1896, à Augustin Guillermain, directeur d'assurances à Lyon, capitaine d'artillerie (armée d'Orient), et fils de Louis-Marie, et de Marguerite-Léonide Paquelet, dont postérité (Comm. de M. L. Favier).

RAMEAU DIT DU VERNET (branche de Chabanolle)

VII° DEGRÉ bis.

Jean-Paul JOURDA DE VAUX DE CHABANOLLE, dit *du Vernet*, écuyer (quatrième fils de *Jean*, écuyer, seigneur de Chabanolle, et de *Jeanne-Marie* USSON DE GRANOUE), seigneur de Chabanolle et du Vernet, épousa, le 1er juin 1750 (1), à Chamalières (D. du Puy), *Marie-Thérèse* BAILE ou BAYLE DE MARTINAS (2), fille de *Joseph*, écuyer, seigneur de Martinas en Velay, et de *Marie* DAURIER (3), dite *de Fayt* (nom d'un fief possédé par sa famille, près de Craponne), dont : 1° *Jean-Baptiste*, écuyer, né à Chamalières, le 29 juillet 1753 ; 2° *Jean-Claude*, reporté au VIII° degré de la branche dite *de Chabanolle* ; 3° *Marie-Jérôme*, écuyer ; 4° *Marie-Marguerite* ; 5° *Paul-Hector-Marie*, écuyer ; 6° *Marie-Magdeleine*, baptisée le 27 mai 1758, mariée le 24 février 1775, à *Louis* DE BENOIT DE FONTAUBE (4), écuyer, avocat en parlement, fils de *N.*, et de noble *Philippe* DE LICIEUX DE PARAND (5), du lieu de Barges ; 7° *Marie-Magdeleine*, baptisée le 21 avril 1769, religieuse ursuline à Monistrol.

(1) A la date, 28 octobre 1758, un « Jean-Paul Jourda de Chabanoles du Vernet, écuyer », épousait noble Jeanne-Marie-Françoise de Colomb. Nous n'avons pu l'identifier. Voy. sur les Colomb, note 9 ; *Supplément*.

(2) BAILE OU BAYLE DE MARTINAS (Velay) : *d'azur, à la bande d'or, accompagnée de deux croissants d'argent* (Pl. I, Fig. 24 ; *Supplément*). En 1308, Pierre Baile, de Monistrol, possédait des quarts au mas de la Valette. Les : de Charbonnel (1501), de Reveyrolles (1576), Blanc de Molines (1612), du Cortial (1618), de Rochebonne (1636), de Saint-Pol, etc., se sont alliés à cette maison éteinte au XVIII° siècle.

(3) DAURIER OU D'AURIER (Velay) *r de gueules, au heaume d'or* (Pl. III, Fig. 10 ; *Supplément*).

(4) BENOIT DE FONTAUBE (Languedoc) : *d'azur à trois pals d'or ; au chef d'argent, chargé de trois merlettes de sable* (Pl. I, Fig. 26 ; *Supplément*). Voy. note 4 du *Supplément*.

(5) DE LICIEUX DE PARAND (Velay) : *d'azur, à trois chevrons d'or ; au chef cousu de gueules, chargé de trois fleurs de lys d'or* (Pl. III, Fig. 16 ; *Supplément*).

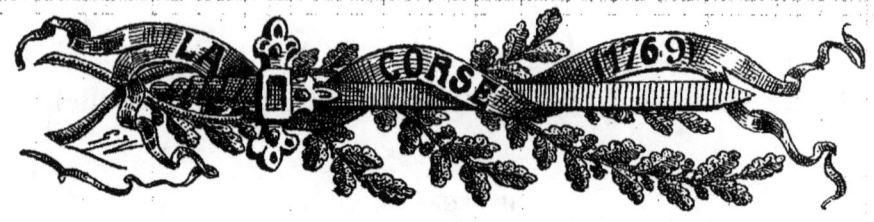

RAMEAU C (de la branche dite de Chabanolle)

IXᵉ DEGRÉ

Auguste DE JOURDA DE VAUX DE CHABANOLLE, écuyer (quatrième fils de *Jean-Claude,* écuyer, seigneur de Chabanolle, et de noble *Jeanne-Marie-Claudine* JOURDA DE VAUX DE CHABANOLLE), épousa *N.* MONET, fille d'*Antoine* MONET, notaire et maire de Retournac, dont : 1° *Jean-Claude-Antoine-Hector,* qui suivra; 2° *Aristide,* tué devant Malakoff; 3° *Alphonse,* qui se maria; 4° *Jules* (1839-16 avr. 1880), soldat au 3ᵉ zouaves, blessé à Gravelotte, évadé d'Allemagne, et décoré de la médaille militaire, marié, le 21 janvier 1873, à *Célestine* FAVIER, dont : A) *Robert,* marié le 27 mai 1905, à *Eugénie* MONTAGNE, dont: a) *Jean-Baptiste-Jules-Marie,* né le 21 mai 1906; 5° *Eugène,* marié à *Marie* BERGER, décédée le 2 février 1905, laissant : a) *Augusta,* mariée à *Gustave* PUECH; b) *Charles,* marié à *Marie* CHAUMONT; 6° *Alexandre,* ancien soldat au 3ᵉ zouaves, combattant de 1870, non marié.

Xᵉ DEGRÉ

Jean-Claude-Antoine-Hector JOURDA DE VAUX DE CHABANOLLE (23 juin 1821-3 oct. 1913), né à Retournac, épousa *Victoire* COTTE, dont : 1° *Marie-Antoinette-Alexandrine* (7 déc. 1857-17 mai 1916), native de Saint-Etienne, mariée le 13 août 1881, à *Edouard-Albert* BIOUSSE (30 sept. 1855-16 sept. 1895), dont postérité ; 2° *Joseph-Elysée-Antoine,* qui suit :

XIᵉ DEGRÉ

Joseph-Elysée-Antoine JOURDA DE VAUX DE CHABANOLLE, né le 20 octobre 1861, directeur d'agence du Crédit Lyonnais, épousa le 17 mai 1887, *Marie* NADI, fille de *Jean-Romuald,* et de *Joséphine* BONOD, d'où : 1° *Hector-Jean-Joseph,* né le 8 juillet 1888, ancien élève de Saint-Maixent, capitaine au 133ᵉ d'infanterie, prisonnier de guerre, non marié; 2° *Joséphine-Antoinette,* mariée le 21 janvier 1912, avec *Jean* BEIGNARD, officier d'artillerie (grande guerre), dont postérité ; 3° *Jeanne-Marie* (14 oct. 1890-17 avr. 1892); 4° *Jeanne-Marie-Célestine* (11 fév. 1893-1ᵉʳ juin 1914); 5° *Louis-François-Georges,* né le 4 février 1896, aide-major aux armées, décoré de la croix de guerre ; 6° *Germaine-Noële,* née le 29 juillet 1897; 7° *Ernest-Félix-Marcel* (23 oct. 1898-16 oct. 1916), engagé volontaire au 54ᵉ d'artillerie, mort de ses blessures, cité à l'ordre de l'armée (1).

(1) Voyez à l'*Introduction,* sa glorieuse citation.

RAMEAU DIT DU RHUILLER

Armes, devise : couronne et supports adoptés par le Maréchal, comte de Vaux.

OMME on l'a vu, d'après le testament du maréchal de Vaux (dernières volontés confirmées en 1806, par son neveu et héritier, le baron de Vaux), le rameau dit **du Rhuiller** (1) avait été substitué à la *branche aînée* et au *comte Louis de Fougières*, petit-fils du Maréchal. A ce rameau, sont restés, *seuls* : le droit de porter les armes *pleines* du maréchal, sa couronne de marquis, sa devise, les supports de l'écu, et le titre de *comte*.

Ce rameau dit *du Rhuiller* a eu pour tige :

VIIe DEGRÉ *bis*.

Jean-Claude JOURDA DE VAUX (cinquième fils de *Jean*, écuyer, et de *Jeanne-Marie* USSON, dame de Granoue et du Rhuiller), écuyer, épousa en 1751, *Marie-Magdeleine* DE LA ROCHENÉGLY (2),

---

(1) Voy. sur le Rhuiller, note 7; *IIIe Partie*.
(2) DE LA ROCHENÉGLY (Auvergne) : *d'argent, à l'aigle de sable, sur un mont de sable ; alias de sinople* (Pl. I, fig. 27; *Supplément*). Voy. note 33 du *Supplément*.

fille d'*Alexandre*, chevalier, seigneur de Chamblas (Velay), et de *Marie* D'AURIER (1), dite : *de Fey*, *de Faÿt*, qui lui donna : 1° *Jean-Louis*, écuyer (11 fév. 1763-25 juin 1795), lieutenant au régiment de Rohan, avec lequel il combattit à Quiberon, et où il fut blessé mortellement (1795); 2° *Jeanne-Marie-Claudine*, dame de Granoue, de Dinhac et du Rhuiller, née le 11 avril 1765, mariée par contrat du 13 octobre 1785, à son cousin *Jean-Claude* JOURDA DE VAUX DE CHABANOLLE, écuyer ; 3° *Georges-Alexis* (2), qui suivra; 4° *Marie* (1765-6 juil. 1838), admise aux Clarisses de Montbrison (23 janv. 1783), puis abbesse de ce monastère (3); 5° *Jean-Baptiste-Alexandre*, écuyer, né le 1ᵉʳ septembre 1767, lieutenant-colonel aux chevau-légers de la garde royale, mort au service, et non marié ; 6° *Florimond-Amable*, écuyer, né le 28 mars 1769, mort jeune lieutenant d'artillerie, à la Fère ; 7° *Hector-Amable*, écuyer (12 déc. 1773-1845), seigneur de Blassac ; émigré, le 20 février 1792; officier dans l'armée de Condé (20 fév. 1792-1801) (4), aux Chevaliers de la Couronne (campagnes de 1792-1797), puis au régiment noble d'Angoulême (1797-1801); chevalier de Saint-Louis (26 sept. 1815); maire de Chamalières (25 juil. 1815); marié le 20 floréal an XII, à *Marie-Claudine* VEYRE DE SORAS (5), fille de *Barthélemy*, écuyer, et de *Gabrielle* MONLONG (6); il testa le 28 novembre 1844 ; 8° *Jeanne-Marie-Irène*, mariée en 1807, à *François-Marguerite-Lucien* DU ROSIER (7), sous-préfet de Saint-Etienne, et fils de *Marie-Guillaume*, écuyer, et de noble *Marie-Benoîte* BERNOU DE ROCHETAILLÉE (8).

VIII° DEGRÉ

Georges-Alexis DE JOURDA, comte DE VAUX (9) (chef de nom et des armes de sa maison, au décès de Jean-Louis de Jourda de Vaux) (18 mai 1768-21 juil. 1803), capitaine aux Dragons de Condé, ép. à Jersey, le 16 juin 1800 (10), *Aimée-Constance-Marie-Germaine* DE GOYON DE MATI-

(1) DAURIER OU D'AURIER (Velay) : *de gueules, au heaume d'or* (Pl. III, fig. 18; *Supplément*).
(2) « Alexis de Vaux de Rhuiller, jeté sur la plage de Quiberon, en 1795, par cette fatalité dont tant de Français « furent victimes, voyant à ses côtés son frère blessé mortellement, quoique perdant lui-même son sang, par suite « d'une blessure, le porta à la nage jusqu'au vaisseau, et revint combattre dans les rangs avec ses camarades ». (Michaud, *Biographie universelle*, tome XLVIII). De tous les noms se rattachant aux familles du Velay, celui de « Louis Jourda de Vaux », est le seul, que nous ayons lu sur les nombreuses plaquettes de marbre du mausolée de la Chartreuse d'Auray (Morbihan).
Sur la *Liste des Emigrés de la Haute-Loire*, trois membres de ce rameau sont cités sous les noms de *Jourda du Roulier*.
(3) Comm. de M. Rochigneux, secrétaire de la Diane à Montbrison.
(4) Suivant certificat à lui délivré, le 7 janvier 1815, par le prince de Condé.
(5) VEYRE DE SORAS (Vivarais) : *de gueules, au château d'argent, maçonné de sable ; au chef de vair* (Pl. I, fig. 28; *Supplément*). Voy. note 43 du *Supplément*.
(6) MONLONG OU DE MONLONG (Béarn) : *d'argent, au chevron d'azur, semé d'étoiles d'argent, et accompagné de 3 roses au naturel, tigées de sinople; 2 en chef, et 1 en pointe*.
(7) DU ROSIER OU DU ROZIER (Forez) : *d'azur, à trois chevrons d'or* (Le P. Ménestrier); alias : *d'azur, à trois chevrons d'or; au chef de même, chargé de trois roses de gueules* (Pl. III, fig. 9; *Supplément*). Voy. note 31 du *Supplément*.
(8) BERNOU DE ROCHETAILLÉE (Forez) : *d'or, à trois fasces de gueules ; écartelé de gueules, à la croix d'or cantonnée de 6 merlettes de même* (Pl. III, fig. 11 ; *Supplément*).
(9) Cadet au régiment de Rohan (1ᵉʳ mars 1794), lieutenant; combattit à Quiberon, où il fut blessé ; lieutenant dans Royal-Emigrant (24 sept. 1795), capitaine au régiment de la Couronne (campagnes de 1796-1797), à celui de Condé (dragons); débarqué, fut arrêté et incarcéré à Saint-Lô, où il mourut, épuisé par dix-huit années de campagne.
(10) Ce mariage fut béni par Mgr. de Chauvigny de Blot, évêque de Lombez.

Gnon de Beaucorps (1), fille du comte *François-Christophe*, capitaine de dragons au régiment d'Enghein, et de *Renée-Thérèse* de Gonidec de Kramel (2), demeurant tous deux à Saint-Hélier (Jersey) ;

IX° DEGRÉ

Charles de Jourda, comte de Vaux (3) (30 janv. 1801-16 mars 1880), né en l'île de Jersey (4), décédé à Chamalières; porté par Charles X, sur la liste des Gentilshommes de sa Chambre (1830); pensionnaire du Roi ; capitaine à la Légion Etrangère (11 juin 1831-6 juil. 1834), combattit en Afrique ; mis en non activité de service, pour fièvres qu'il y avait contractées; maire de la commune de Chamalières (Hte-Loire). Il épousa en Angleterre, le 6 décembre 1827, *Hélène-Louise-Félicité* de la Rousselières Clouard (5) (5 nov. 1801-25 oct. 1873), née à Londres, inhumée dans le caveau de sa famille, à Chamalières, et fille de *Jean-Marie-Jacques*, lieutenant-colonel du corps d'état-major, et d'*Hélène-Gillette-Marie* de Lattre (6), dont : 1° *Amable*, qui suivra; 2° le vicomte *Amédée* (7) (20 juil. 1831-30 juil. 1870), capitaine au 6° Lanciers, marié à Paris, le 17 févr. 1859, à *Augustine-Elisabeth* (dite *Elisa*) Néron (8), fille d'*Edmond*, chimiste, et de *Marie-Elisabeth* Gaveau, dont : A) *Marie* (5 mars 1860-13 nov. 1893), née à Maubeuge, décédée à Hennebont, mariée à Montbrison, le 16 mai 1881, avec *Maxime* Debicki (9), ingénieur civil des mines à Dombrowa (Pologne russe), fils aîné de *Jérome*, ancien officier d'infanterie

(1) De Goyon ou de Gouyon (Bretagne) : *d'argent, au lion de gueules, armé lampassé et couronné d'or* (qui est de Goyon). De Goyon-Matignon : *écartelé aux 1 et 4* (qui est de Goyon) ; *aux 2 et 3 ; d'or, à deux fasces nouées de gueules accompagnées de neuf merlettes de même, rangées en orle, 4, 2 et 3* (qui est de Matignon). (Pl. II, Fig. 18; *Supplément*). Voy, note 17 du *Supplément*.

(2) De Gonidec de Kramel (Bretagne) : *d'azur, à trois bandes d'argent* (Pl. III, Fig. 12 ; *Supplément*).

(3) C'est sous le nom de : Devaux, qu'on le trouve cité dans ses papiers militaires et dans son titre de pensionnaire du Roi. Ses nom et titre : « Monsieur le comte *Charles Jourda de Vaux* » lui furent rendus par jugement du Tribunal civil du Puy, enregistré le 23 octobre 1828 (folio 2, case 6°).

(4) Il fut baptisé le 1er février 1801, par Aimé-François-Hamon de Boismartin, prêtre et chanoine de la Collégiale royale et paroissiale de Saint-Lubin de Guérande Son parrain fut : *Charles-Amable-Robert*, marquis de Beauvoir, baron de Verboise, officier-général au service du Roi de France ; et sa marraine, dame Renée-Thérèse de Gonidec de Kramel, comtesse de Goyon de Beaucorps, son aïeule.

(5) De la Rousselière-Clouard (Normandie) : *d'argent, au sautoir denteé de gueules, cantonné de quatre roses de même, barbées de sinople* (Pl. II, fig. 1 ; *Supplément*). Devise : *Dieu m'a fait fort*. Couronne de comte. Supports : un aigle à dextre, un lion à senestre. Voy. sur cette famille la note 36 du *Supplément*.

(6) De Lattre (Flandre) : *coupé d'azur et d'or, à trois écussons de l'un en l'autre* (Pl. III fig. 13 ; *Supplément*).

(7) Voy. à la *II° partie*, la note 11 le concernant.

(8) Néron (Normandie). Cette famille n'est pas d'origine auvergnate et n'a pas eu d'armes, comme l'a écrit à tort Pol Potier de Courcy (*loc. cit*). Edmond Néron, décédé à Hennebont, le 25 avr. 1888, âgé de 83 ans, avait eu de son mariage avec Marie Gaveau : 1° Auguste, artiste-peintre, mort jeune s. all. ; 2° Napoline (28 janv. 1829-30 juil. 1916), née à Paris, morte à Hennebont, et qui, veuve du baron Benjamin de Francesco (2 oct. 1807-22 juil. 1869), artiste peintre et membre de l'Académie des Beaux-Arts de Naples (brevet du 10 mars 1846), épousa Damien Girod-Roux, mort s. p. ; 3° *Elisa*, précitée.

A l'époque des guerres du Tonkin, la vicomtesse Amédée de Vaux, notre regrettée mère, habitant Montbrison, prit l'initiative de quêtes pour les blessés et malades du corps expéditionnaire. Ce fut sur sa demande, que le général Boulanger, commandant le XIII° corps, donna le nom « de Vaux », à la caserne d'infanterie de Montbrison.

(9) Debicki (Petite Pologne) : *de gueules, au griffon d'argent, contourné, becqué et membré d'or* (Pl. II, fig. 2 ; *Supplément*). Voy. note 12 du *Supplément*.

polonaise, et de *Marie-Louise* LEMOYNE DE VERNON (1), de Dunières (Hte-Loire), dont postérité ; *b) Edith*, née à Dinard (Ile-et-Vilaine), mariée à Montbrison, le 28 juillet 1884, à *Jacques* GIBAND (3), ingénieur civil à Dombrowa (Aciéries, de Hutta-Bankowa), fils unique de *Jacques*, et d'*Anne-Marie* POULHE, dont postérité ; — *c)* le vicomte *Gaston*, né à Paris, le 7 octobre 1862, ancien fourrier d'artillerie de l'armée d'Afrique, membre et lauréat de la Société française d'archéologie (3), marié au Puy, le 19 mars 1890, à *Pauline* PLANTADE (4): fille de *Théophile*, châtelain de la Chabanne (Hte-Loire), et de *Marie* DE MORGUES DE SAINT-GERMAIN (5), dont trois enfants, nés à la Chabanne, près le Puy, a) *Noël* (8 mars 1891-19 févr. 1892) ; *b) Marie*, née le 21 septembre 1892, fiancée le 24 mai 1913, à *Georges* BARTHÉLEMY (6), alors caporal-mitrailleur au 139° d'infanterie à Aurillac, fils d'*Auguste*, ancien notaire à Solignac-sur-Loire (Haute-Loire), et de *Marie* BONNENFANT : *c) Ernestine* (16 mars 1895-2 juin 1902), décédée au Puy ; — 3° *Marie* (5 juin 1833-15 nov. 1908), châtelaine de Chadernac (commune du Brignon, Hte-Loire), native de Toulon, décédée au Puy, ne laissant pas de postérité ; mariée : 1° le 1ᵉʳ juin 1860 à *Antoine-François* (dit *Francisque)* DE MOREL DE LA COLOMBE (7), chevalier, fils unique du chevalier *Georges Frédéric-Hubert*, et de *Marie-Antoinette* COURBON DE MONTVIOL (8) ; 2° le 29 août 1887, avec *Antonin* RICHARD DE RIBAINS (9), capitaine commandant au 4° régiment de Chasseurs, fils unique d'*Adrien*, et d'*Irma* DE FRÉVOL D'AUBIGNAC DE RIBAINS (branche dite de Jagonnas) (10).

(1) LEMOYNE DE VERNON (Normandie) : *d'azur, au chevron d'or, accompagné en pointe, d'un passereau de même ; écartelé, d'azur, à trois roses d'argent* (Pl. III, fig. 14 ; *Supplément*).

(2) Voy. note 14 du *Supplément*).

(3) Deux fois lauréat : 1° en 1904, par le Congrès du Puy, pour *Le Puy-en-Velay* (album de 25 planches dessinées à la plume, d'après des peintures de Noël Béraud) ; 2° en 1914 (médaille d'argent), au Congrès de Vannes pour *Pages d'Album* ; — *Hennebont* ; — (Morbihan), texte par J. Desjacques. Il a publié personnellement : *Les châteaux hist., de la Hte-Loire* (2 vol. avec nombreux dessins par lui), « Polignac », « Rochebaron » (livrets guides, avec dessins) ; et a collaboré, en qualité d'artiste dessinateur, et seul, aux : *Châteaux hist. du Vivarais* (texte par Fl. Benoît d'Entrevaux) ; *Le Vieux-Puy* ; — *La vie d'autrefois au Puy-en-Velay*). Le roi de Chausson (tous textes par A. Boudon-Lashermes, docteur en droit) ; etc., et en plus grande partie à : *La ville et le canton de Craponne* (2 vol. texte par le chanoine R. Pontvianne), etc,.

(4) PLANTADE ou DE PLANTADE (Languedoc) : *d'or, à la plante de plantin, arrachée de sinople ; au chef de gueules, chargé d'un croissant d'argent, accosté de deux pélicans d'or, ensanglantés de gueules* (Pl. II, fig. 3 ; *Supplément*). Voy. note 29 du *Supplément*.

(5) DE MORGUES ou DE MOURGUES (Velay) : *de gueules, au sautoir d'or ; au chef cousu d'azur, chargé de trois étoiles d'or*. (Pl. III, fig. 15 ; *Supplément*.

(6) BARTHÉLEMY (Velay) : *d'argent, au chevron d'azur ; parti de même, au lion d'argent*. (Pl. II, fig. 28 ; *Supplément*). Voyez note 2 du *Supplément*.

(7) DE MOREL DE LA COLOMBE (branche dite d'Artites, en Velay): *d'azur, à deux étoiles d'argent, et une colombe de même en pointe* (Pl. I, Fig. 23 ; *Supplément*). Voy. note 25 du *Supplément*.

(8) COURBON DE MONTVIOL (Forez): *d'azur, à la fasce d'or, chargée de trois étoiles de gueules, et accompagnée de trois croissants d'or ; 2 en chef, 1 en pointe* (Pl. II, fig. 14 ; *Supplément*).

(9) RICHARD, RICHARD-RIBAINS ou RICHARD DE RIBAINS (Vivarais) ; *d'azur, au chevron d'or, accompagnés de trois molettes de même* (Pl. II, Fig. 4 ; *Supplément*). M. de Ribains ignorant ses armes, avait adopté celle de sa mère Voy. note 30, *Supplément*.

(10) DE FRÉVOL D'AUBIGNAC DE RIBAINS (Haut-Vivarais) : *de gueules, à deux lions affrontés, tenant une roue, et posés sur un mont de trois coupeaux ; le tout d'or*. (Pl. I, fig. 30 ; *Supplément*). Voy. au *Supplément*, note 30, en note.

Xᵉ DEGRÉ

Amable DE JOURDA, comte DE VAUX (1) (3 nov. 1828-22 nov. 1895), né à Montmorency, châtelain du Rhuiller et de Petite-Somme, chevalier de l'Ordre de Saint-Grégoire-le-Grand, épousa à Bruxelles (où il se fixa), le 11 mai 1864, *Marie-Louise-Eulalie* RANSCELOT (2), fille de *Victor-Léon* et de *Marie-Joséphine-Ghislaine* MISONNE, dont : 1° *Charles*, qui suivra ; 2° *Hélène*, mariée en décembre 1906, à *Alphonse* DE PAUW (3) ; 3° *Germaine*, mariée le 28 janvier 1904, au vicomte *Pierre* DE RIVÉRIEULX DE VARAX (4), alors lieutenant au 4ᵉ chasseurs, à Auxonne, fils du comte *Régis*, et de *Marguerite* de POMEY DE ROCHEFORT (5), dont une fille ; 4° le vicomte *René*, non marié, engagé volontaire (grande guerre).

XIᵉ DEGRÉ

Charles DE JOURDA, comte DE VAUX, chef du nom et des armes de sa maison. Né à Ixelles (Bruxelles), il épousa, le 29 janvier 1901, *Jeanne-Marie-Joséphine-Ghislaine*, baronne SNOY (6), fille du baron *Georges*, ancien Vice-président de la Chambre des Représentants de Belgique, et d'*Alix-Marie*, comtesse DU CHASTEL DE LA HOWARDRIES (7) d'où : *Marie-Noële-Octavie-Georgine-Ghislaine* ; 2° *Anne-Marie-Louise-Georgine-Ghislaine* ; 3° *Louise-Marguerite-Marie-Berthe-Ghislaine*.

(1) Voy. note 10 de la *IIᵉ partie*.
(2) RANSCELOT (Navare espagnole) : *d'or, à l'aigle éployée de sable* (Pl. II. Fig. 5 ; *Supplément*).
(3) DE PAUW (Gand) : *d'argent, au chevron de gueules, accompagné de trois têtes et cols de paon, d'azur*. Devise : *Impavidum Ferient Rimæ*. Heaume : non couronné. Cimier : un paon rouant et issant, au naturel (Comm. du baron H. de Woëlmont) ; alias : *d'or, un paon rouant, au naturel, sur une terrasse de sinople* (Pl. III. Fig. 6 ; *Supplément*).
(4) DE RIVÉRIEUX DE VARAX (Bourbonnais) : *d'azur, à une rivière d'argent, sommée d'un croissant de même* (Pl. II. Fig. 8 ; *Supplément*). Voyez note 31 du *Supplément*.
(5) DE POMEY DE ROCHEFORT (Forez) : *d'argent, au pommier arraché de sinople, fruité d'or, et accosté de deux étoiles de gueules* (Pl. III, Fig. 1 ; *Supplément*).
(6) SNOY (Gueldre) : *d'argent, à trois quintefeuilles de sable, boutonnées et barbées d'or*. Couronne : bonnet de baron brabançon. Supports : deux lions léopardés d'or, armés et lampassés de gueules, tenant chacun une bannière aux armes de l'écu. Cri : *Gelder! Gelder!* Voy. sur cette maison, note 34 du *Supplément*).
(7) DU CHASTEL DE LA HOWARDRIES : *de gueules, au lion d'or, armé, lampassé et couronné d'azur* (Pl. II, Fig. 17 ; *Supplément*).

BRANCHE DITE DE FOLETIER OU DE FOLTIER

Armes : d'azur, à la bande d'or, chargée de deux étoiles du champ (1).

Armes adoptées actuellement par cette branche : d'or, à la bande de gueules, chargée de trois croissants d'argent ; écartelé d'azur, à la bande d'or accompagnée de deux étoiles d'argent, 1 en chef et 1 en pointe.

Cette branche a pour auteur :

IVᵉ DEGRÉ bis.

Benoît JOURDA (deuxième fils de *Noël* JOURDA, seigneur du Fraisse et de Blassac, et de noble *Antoinette* DE THORRENC), bourgeois de la ville de Lyon, demeurant à Monistrol (Velay). Il épousa, le 5 août 1652, *Fleurie* BASSET (2), dame de Foletier, dont : 1° *Jean*, qui suivra ; 2° *André*, s. all. ; 3° Autre *André*, lieutenant au régiment de Provence.

Vᵉ DEGRÉ

Jean JOURDA, seigneur de Foletier, épousa, le 7 octobre 1684, *Germaine* THOMÉ (1), fille de Jean

---

(1) Ce sont les armes énoncées par Revérend (*Titres de la Restauration*), pour Jean-François-Xavier et Antoine-Fidèle-François Jourda de Vaux de Foletier.

(2) BASSET (confins du Forez et du Velay) : *d'azur, au chevron d'or, accompagné en chef de deux étoiles de même ; et en pointe, d'un croissant d'argent ; parti de gueules, au dauphin d'or* (D'Hozier) (Pl. II, fig. 9 ; *Supplément*). De cette maison furent : Jean Basset, notaire royal à Monistrol ; successeur dans les biens que Jean de Bransée, seigneur du Bets, possédait au terroir de la Condamine, il est dénommé *Basset de Fouletier*, dans une transaction en date du 11 juin 1538 ; — Isaac Basset, aussi notaire, lequel reconnut en 1626, à l'Évêque du Puy, le « garayt » de Granoulhet ; — François Basset, conseiller du Roi, et maire et juge de la ville et mandataire de Monistrol (ce fut pour lui que les armes énoncées ici furent enregistrées).

et d'*Anne* Garat, dont : 1° *Jean*, qui suivra ; 2° *Marie*, qui se trouvait mariée en 1725, à *Jean*, Dupuy, bourgeois.

VIe DEGRÉ

Jean Jourda (10 mars 1697-19 oct. 1773), écuyer, seigneur de Foletier, « conseiller du Roi et son procureur aux gabelles de Lyonnais, Forez et Beaujolais, au département du Haut-Vivarais, demeurant à Monistrol », seigneur en partie du Besset, Cheucle, la Mure, Gournier (par. de Dunières), Charbonnel (D. du Puy), épousa, le 21 octobre 1727, *Angélique* Jerphanion (2), fille de *François*, seigneur de Mazard, dont : 1° *François-Marcellin*, dit *Monsieur de Mazard*, grand-vicaire du diocèse de Vienne ; 2° *Marcellin-Christophe*, dit *Monsieur d'Orcines* (« *Jourda Orsini* », dans la Liste des Émigrés de la Haute-Loire), successivement curé de la cathédrale du Puy, chanoine de ce Chapitre et vicaire-général de ce diocèse ; il testa le 15 janvier 1813 (3) ; 3° *Jean-François*, qui suit :

VIIe DEGRÉ

Jean-François Jourda de Foletier, « ancien conseiller, né à Monistrol (Haute-Loire), demeu-« rant à Retournac, condamné par la Commission révolutionnaire de Lyon et fusillé le 8 dé-« cembre 1793 (4) », à la plaine des Brotteaux. Il avait épousé, le 8 juin 1772, *Jeanne-Marie* Dupy (5), fille de *François*, et de *Jeanne* Colon, d'où : 1° *Jean-François-Xavier*, qui suivra ; 2° *Antoine-François-Fidèle*, tige d'un rameau ; 3° *Marie-Magdeleine-Marcelline-Françoise* ; 4° *Marie-Joséphine-Marcelline* ; 5° *Marie-Jeanne-Bernardine-Célestine*, comprise avec ses frères, dans le règlement des indemnités ; 6° *Marie-Marcellin*, « étudiant, né à Monistrol (Haute-Loire), demeurant à Lyon, rue Saint-Jean, « condamné par la Commission révolutionnaire de Lyon et fusillé le 8 décembre 1793, en même temps que son père ; 7° *Marie-Magdeleine*, mariée à *Clément-Charles* Roland de Ravel ; 8° *Marie-Françoise-Mélanie-Olympe*, mariée à *Antoine-Louis* Rony de la Bruyère (6), fils de *Jean-François*, et de *Claudine* Richard (7) (de la branche des seigneurs de Leiniec en Forez).

(1) Thomé (Lyonnais) : *d'azur, à la tête et col de cerf d'or* (Pl. II, fig. 10 ; supplément).

(2) De Jerphanion (Velay) (armes portées à cette époque) : *d'azur, alias de sinople, au lys d'argent* (Pl. II. Fig. 6 ; Supplement). Voy. not. 19 du *Supplément*.

(3) Dans cet acte, il se qualifie héritier et exécuteur testamentaire de M. Bienvenu (héritier lui-même de M. de Beget, doyen du Chapitre), chanoine du Puy. Il testa en faveur de ses neveux Jean-Joseph-Xavier et Antoine-François-Fidèle.

(4) Voy. à la note 7 de la *IIe Partie*, ce qui le concerne, ainsi que son fils Marcellin.

(5) A l'époque de la Révolution, « Mme de Vaux de Foletier fut aussi arrêtée à Monistrol, sur les ordres de Moret... celui-ci lui refusa un certificat qui pouvait sauver son mari « il y est ! qu'il y reste, lui répondit Moret. Allant lui-même mettre les scellés au château de Foletier, il fit vendre ce qu'il y trouva, laissant Mme de Vaux sans aucune ressource... ». (A. Boudon-Lashermes : *Les Chouans du Velay*, 173).

(6) Rony (Forez) : *d'azur, au nid de sable contenant deux oiseaux affrontés d'or, sommé d'un soleil de même* (Pl. II. Fig. 2 : Supplément). De ce mariage naquit : Charles-Marie Rony, marié à Marie-Antoinette Coupat, dont : Régis, prêtre, et Thérèse, s. all.

(7) De la même famille que celle du poète et académicien Victor de Laprade et des Richard, seigneurs de Pontempeyrat en Velay.

VIII° DEGRÉ

Jean-Joseph-Xavier, vicomte Jourda de Vaux de Foletier (ordonnance royale en date du 7 mars 1818, et par laquelle ce titre de vicomte est héréditaire), né le 24 juin 1773, décédé le 29 octobre 1857; officier de l'armée de Condé, garde de la porte (1814-1815), lieutenant de gendarmerie (1817), chevalier de Saint-Louis et de la Légion d'honneur. Il épousa, le 10 septembre 1803, *Marie-Anne-Régine-Bernardine* de la Mure (1), née le 14 mars 1779, fille de *Durand*, écuyer, et de noble *Reine-Pierrette-Éléonore* de Constant (2), dont : 1° *Aricie*, mariée en 1834, à *Jean-Noël* Baud de Brive (3), fils de *Jean-Noël*, et de *Marie-Reine-Antoinette* Boyer de Sugny (4); 2° *Marie-François-Marcellin*, qui suit :

IX° DEGRÉ

Marie-François-Marcellin, vicomte Jourda de Vaux de Foletier (28 oct. 1814-28 oct. 1858), épousa, le 20 avril 1843, *Claire-Jeanne-Marie-Caroline* Gravier de Vergennes (5) (13 juil. 1820-15 nov. 1859), fille du m¹ˢ *Alexandre-Anne-Jean*, et d'*Amélie-Jeanne-Marie* Quatresols de la Motte de Cheney (6), dont : 1° *Marie*, qui épousa, le 23 février 1863, *Albert* de Verdelhan des Molles (7), fils de *Charles-Léon*, et de *Noémie* Quinsart d'Espradels ; 2° le vicomte *Arthur*, qui suivra; 3° *Paul*, né le 25 mars 1848, sorti de Saint-Cyr (1869), sous-lieutenant au 1ᵉʳ Chasseurs (campagne de 1870 et siège de Paris), lieutenant au 1ᵉʳ Dragons, démissionnaire (1877), établi en Californie.

V° DEGRÉ

Arthur, vicomte Jourda de Vaux de Foletier, né le 12 octobre 1846, châtelain de Vaux, ancien zouave pontifical, chevalier de l'Ordre de Pie IX, médaillé de Mentana et de 1870, épousa à Lyon, le 26 février 1878, *Marguerite-Charlotte-Eulalie* Descours, fille d'*Antoine*, et de *Marie-Mélanie-Joséphine* Bolot d'Ancier (8), dont 1° *Noël*, né le 25 décembre 1878, marié le 14 juin 1904, à

(1) De la Mure (Forez) : *de sable, à trois fasces d'or ; écartelé d'azur, à trois croissants d'argent* (Pl. III. Fig. 18; *Supplément*). Voy. note 21 du *Supplément*.
(2) De Constant (Artois) : *d'azur, au sautoir d'or, ondé, chargé en abime d'un cube de sable* (Pl. III. Fig. 17 ; *Supplément*).
(3) Baud ou Beaud de Brive (Velay) : *d'azur, à un agneau sommé d'une jumelle, surmontée d'une rose ; le tout d'argent* (Pl. II. Fig. 16 ; *Supplément*). Voy. note 3 du *Supplément*.
(4) Boyer de Sugny (Forez) : *d'azur, à la tour d'argent, maçonnée de sable, à la fasce brochante ; au chef cousu de gueules, chargé de trois étoiles d'or* (Pl. II. Fig. 26 ; *Supplément*).
(5) Gravier de Vergennes (Bourgogne) : *de gueules, à trois oiseaux d'argent prenant leur essor ; les 2 du chef affrontés ; parti de gueules, à une croix d'argent, chargée en abime, d'un écusson d'azur, à une fleur de tournesol, d'or, feuillée de sinople* (Pl. II. Fig. 19 ; *Supplément*). Voy. note 18 du *Supplément*.
(6) Quatresols de la Motte de Cheney (Berry, Touraine) : *d'azur, un lion sommé d'une étoile ; à une palme posée en bande et en pointe ; le tout d'or* (Pl. III. Fig. 27 ; *Supplément*).
(7) De Verdelhan des Molles (Bas-Vivarais) : *écartelé : au 1, de sable, à une étoile d'argent ; au 2, d'azur, à trois coquilles d'or; au 3, d'azur, au lion d'argent; au 4, de gueules, à six besants d'argent, 3, 2 et 1* (Pl. III. Fig. 21; *Supplément*). Voy. note 41 du *Supplément*.
(8) Les Bolot d'Ancier portent : *de gueules, à 3 besants d'argent*, et sont originaires de la Franche-Comté où ils possédaient les vastes forêts de Miraclère et de Malbouhares. Maîtres-verriers, ils furent anoblis par Louis XIV, en la personne de Guillaume Bolot, seigneur de Chauvillaraire. Une branche cadette, dite Bolot « d'Ancier » (du nom d'un village de la région de Gray), vint fonder au xviiiᵉ siècle les verreries de Givors. L'un de ses membres, Nicolas-Joseph-Henri Bolot (anc. maire de Givors) est dit, dans son état baptistaire, fils d'Ignace Bolot, seigneur d'Ancier (Comm. de la vicomtesse Arthur Jourda de Vaux de Foletier).

Hélène Tracy, dont : a) *James-Arthur*, né le 5 mars 1905 ; b) *Marguerite*, née le 17 juillet 1906 ; 2° *Marie-Caroline-Andrée-Marcelle*, née le 26 juillet 1880, mariée à Lyon, le 5 janvier 1910, à *Robert* Berthier de Grandry (1) (alors lieutenant de cavalerie et breveté d'état-major), chef d'escadrons et chevalier de la Légion d'honneur (Grande Guerre), fils de *Marie-Raymond*, et de *Marie-Jeanne-Adèle* Cublier de Fougières, dont postérité ; 3° *Robert-Marie-Albert*, né à Lyon, le 10 avril 1882, mobilisé au 159° régiment d'infanterie, prisonnier de guerre, dès le 2 septembre 1914, décoré de la croix de guerre ; 4° *Paul*, né à Lyon, le 18 novembre 1883, mobilisé, lieutenant au 359° régiment d'infanterie, décoré de la croix de guerre ; 5° *Suzanne*, née à Vaux, le 1er septembre 1887, mariée le 14 mars 1912, à *Pierre* de Limairac (2), lieutenant de vaisseau, fils aîné de *Casimir*, et de *Jeanne* de Richard de Beaumefort (3) ; 6° *Pierre-Eugène-Régis*, né à Vaux, le 18 septembre 1889, ancien adjudant au 14° dragons, passé au 53° régiment d'artillerie, décoré de la croix de guerre. 7° *Marie-Marcelle-Odette*, née à Vaux, le 9 octobre 1893.

(1) Berthier de Grandry (Auxerrois) : *d'or, au taureau furieux de gueules, au lambel d'azur en chef*. Pl. 3. Fig. 7 ; *Supplément*. Voy. note 6 du *Supplément*.
(2) De Limairac (Rouergue) : *d'azur, au levrier passant d'argent ; au chef d'or, chargé de deux têtes de levrier d'argent* (Pl. II, fig. 22 ; *Supplément*). Voy. note 22 du *Supplément*.
(3) De Richard de Beaumefort (Comtat-Venaissin) ; *d'or, au griffon de gueules ; au chef d'azur chargé d'une fleur de lys d'or, à dextre, et d'une étoile de même, à senestre* (Pl. II, fig. 23 ; *Supplément*).
Beaumefort est un château situé près Saint-Alban-sous-Sampzon. Noble Joseph-Richard de Beaumefort, seigneur de Beaumefort, Saint-Alban, Grospierre, la Roche et autres places, capitaine de cavalerie, ex-chevalier de Saint-Louis, fut convoqué aux Assemblées de la Noblesse tenues à Villeneuve-de-Berg, pour la convocation des États généraux de 1789. Il épousa en 1780, Marie-Louise d'Odole de Saint-Christol, descendante par les femmes de la première maison de la Gorce (Fl. Benoît d'Entrevaux, *Arm. du Vivarais*, 410).

RAMEAU DE LA BRANCHE DITE DE FOLETIER

L'auteur de ce rameau a été :

VIII° DEGRÉ bis.

Antoine-Fidèle-François, vicomte Jourda de Vaux de Foletier (deuxième fils de *Jean-François*, et de *Jeanne-Marie* Dupy), né à Monistrol, le 29 novembre 1774, décédé à Foletier, le 30 mars 1850. Ancien officier de l'armée des Princes, chevalier des Ordres de Saint-Louis et de la Légion d'honneur, il avait épousé, le 10 février 1805, *Marie-Françoise-Gabrielle-Toussainte* de Charbonnel (1) (de la branche dite de Jussac), fille de *Michel-Benoit* de Charbonnel, chevalier, seigneur de Jussac, et de noble *Marie-Etienette* de Charbonnel, dont : 1° *Françoise*, dite *Fanny*, née le 12 avril 1806, dame du Sacré-Cœur; 2° *Marcellin*, né le 6 juin 1807 ; 3° *Célestine*, née le 15 octobre 1808; 4°, le vicomte *Régis* (7 nov. 1809-19 mars 1878), mort à Foletier, chef de bataillon en retraite, officier de la Légion d'honneur, marié le 12 février 1849, à *Jeanne* (dite *Jenny*) Odde de la Tour du Villard, (2), fille de *Jacques-François-Marcel*, et de *Claire-Dorothée* de Fugy (3), dame de la Planche (Velay), dont : *Marcel* (29 sept. 1851-23 mai 1853); 5° *Marie-Laurent-Xavier* (19 avr. 1811-11 févr. 1834), né et décédé à Foletier, clerc de la Chapelle de Charles X ; 6° *Marcelline*, née le 7 octobre 1812 ; 7° le vicomte *Louis* (15 avr. 1814-27 sept. 1878), né à Monistrol, décédé à Limas (Rhône), capitaine de frégate en retraite, ancien gouverneur du Gabon, officier de la Légion d'honneur, décoré de Crimée ; marié le 12 août 1851, à *Marie-Thérèse* de Roche de Lonchamp (4), fille de *Léonard*, ancien conseiller à la Cour royale de Lyon, et de *Célanire* Bédos, dont : A) *Josephe*, née à Lyon en 1852, mariée le 21 septembre 1877, à *Henri* de Courrèges d'Agnos (5), fils d'*Anatole*, et de *Louise* Ducasse de Horgues (6) ; — B) le vicomte *Léon*, né à Tou-

(1) De Charbonnel (Vivarais) *d'azur, au croissant d'argent, accompagné de trois molettes d'or* (Pl. II. Fig. 23 ; *Supplément*). Voy. note 8 du *Supplément*.

(2) Odde de la Tour du Villard (Dauphiné) : *d'argent, au porc-épic de sable; coupé de gueules au lion d'or*, (Pl. II. Fig. 24; *Supplément*). Voy. la note 26 du *Supplément*.

(3) De Fugy (Velay) : *d'azur, au lion d'or, armé de gueules* (Pl. III. Fig. 25; *Supplément*).

(4) De Roche de Lonchamp (Lyonnais) : *d'azur, au chevron d'or, accompagné de trois rocs d'échiquier de même* (Pl. II. Fig. 25 ; *Supplément*). Voyez note 32 du *Supplément*.

(5) De Courrèges d'Agnos (Navarre, Béarn) : *d'or, à la fasce échiquetée d'or et d'azur, accompagnée en chef de deux molettes et en pointe, d'un lion passant de gueules* (Pl. III. Fig. 28; *Supplément*). Voy. note 11 du *Supplément*.

(3) Ducasse de Horgues : *d'azur, à la bande d'argent, accompagnée de deux cors de même, 1 en chef, et 1 en pointe*.

lon le 2 septembre 1854, lieutenant-colonel d'infanterie (1), officier de la Légion d'honneur, décoré de la croix de guerre, commandeur du Nicham-Iftikar, officier d'académie et de l'Ordre des Saints Maurice et Lazare, chevalier de 1re classe de l'Epée de Suède et du Danebrog, etc., marié le 17 août 1887, à *Adrienne* Bonnin de la Bonninière de Beaumont (2), fils du comte *Octave*, ancien officier aux volontaires de Cathelineau, et de *Louise* de la Motte-Baracé de Sénonnes (3), dont : *a)* Louis (14 février 1889), ancien élève de Saint-Cyr, lieutenant au 1er Dragons, décoré de la croix de guerre, très grièvement blessé près Florenville, en Luxembourg belge (17 août 1914) ; *b)* François (28 juin 1893), mobilisé au 3e régiment d'Artillerie lourde, archiviste paléographe ; *c)* le vicomte *Régis*, né à Toulon, le 27 novembre 1858, chef d'escadrons en retraite (4), chevalier de la Légion d'honneur, marié le 27 juin 1887, à *Marie* de Tricaud (5), fille du comte *Gustave*, et de *Louise* de Vergnette de Lamotte (6), dont : *a)* Jeanne (7 sept. 1888) ; *b)* Henriette (6 févr. 1890) ; *c)* René (3 août 1891), attaché à la Banque de France, brigadier au 10e Cuirassiers ; *d)* Guy (31 mars 1893), novice de la Compagnie de Jésus ; *e)* Cécile, religieuse carmélite au Puy ; *f)* Germaine (27 sept. 1897) ; *d)* Noël (30 déc. 1900-8 février 1901) ; *e)* Chantal (12 déc. 1902) ; *f)* Noël (24 sept. 1905) ; — D *Henri*, né le 29 janvier 1864, à Limas (Rhône), ancien attaché au Ministère de la Marine et des Colonies.

(1) Au cours de la Grande Guerre, le vicomte de Vaux de Foletier commanda successivement deux régiments. Avec le premier, il fut envoyé du camp retranché de Paris, à la bataille de l'Yser. Avec le deuxième, il alla en Champagne, entre Reims et Berry-au-Bac. Son état d'épuisement lui causa une grave phlébite. Ayant demandé à reprendre du service, il fut attaché comme adjoint au général inspecteur-général des Effectifs.

(2) Bonnin de la Bonninière de Beaumont (Touraine) : *d'argent, à la fleur de lys de gueules* (Pl. II. Fig. 6 ; *Supplément*). Voy. note 7 du *Supplément*.

(3) De la Motte-Baracé (Bretagne, Touraine) : *d'argent à la face fleurdelisée et contre-fleurdelisée de gueules* (Pl. III. Fig. 23 ; *Supplément*).

D'une branche cadette de cette maison (représentée aux Croisades), établie en Touraine, a été Philippe-Claude, comte de La Mote-Baracé, lieutenant-général des Armées du Roi. Sa descendance était représentée, de 1810 à 1889, par : Auguste, comte de La Mote-Baracé, châtelain du Coudray-Montpensier (Touraine), qui veuf d'Elisabeth Achard de la Haye et de Marie-Lucie de Sarcus, épousa en 1850, Marie-Thérèse de Virieu, d'où : Juhel, marquis de la Motte-Baracé, né en 1850, marié à Mlle d'Andigné, dont postérité. Cette maison a d'autres alliances avec les : de Feugerolles, du Vergier de la Rochejaquelein, de Bauvau du Rivan, de Charnacé, de Champagné, de Rosmadec, de Villers-l'Isle-Adam, etc.

(4) Sorti de Saint-Cyr en 1880, sous-lieutenant au 7e Chasseurs, lieutenant au 19e Dragons (officier d'ordonnance du général commandant la 3e brigade de cavalerie), capitaine-commandant audit régiment, chef d'escadrons au 25e Dragons, retraité en 1909.

(5) De Tricaud (Lyonnais): *d'azur, au chevron d'or, accompagné à dextre d'une étoile de même* (Pl. II, fig. 27 ; *Supplément*). Voy. la note 40 du *Supplément*.

(6) De Vergnette de la Motte (Bourgogne) : *d'azur, au chevron d'or, chargé de trois étoiles de gueules, et accompagné de quatre étoiles, 3 en chef, et 1 en pointe* (Pl. III. Fig 30 ; *Supplément*).

BRANCHE DITE DES OLLIÈRES

Armes : *d'azur, à la bande d'or, chargée de deux étoiles du champ.*

Cette branche a pris son nom du lieu des Ollières près Yssingeaux. Son auteur fut Laurent Jourda, qui mourut le 21 avril 1682. Marié par contrat du 4 septembre 1640, avec Marie NICOLAS DES OLLIÈRES (1), il fut père de : 1° *Jacques*; 2° *Benoît*, marchand drapier, marié le 25 août 1666, à Marie BASSET ; 3° « maistre » NICOLAS, marié le 21 avril 1682, à Marie PEYROCHE (2), fille de Barthélemy Peyroche, de la Terrasse (près Yssingeaux), et de Marie Pautud.

Cette branche, représentée uniquement par Henri Jourda (en religion, frère *Nestor*), frère sécularisé de la Doctrine Chrétienne, actuellement professeur au Pensionnat de N.-D. de France au Puy (après avoir exercé pendant une quarantaine d'années à Brioude), a contracté plusieurs alliances avec les Colombet, de Saint-Étienne. Le frère aîné d'Henri Jourda était Johannès Jourda (*Joanni d'Arsac* : par L. Pascal, *loc. cit.*), membre de la Société des Gens de lettres, de l'Association de la Presse Monarchique, chevalier de Saint-Grégoire-le-Grand, lauréat des Jeux floraux, etc., etc. Né en 1836, il mourut en 1891. Leur mère était née de Beauchamp-Pastel.

(1) NICOLAS DES OLLIÈRES, NICOLAS D'ARDHUY (Velay) : *d'azur, au chevron d'or, accompagné en chef de deux roses de même; et en pointe, d'un lion d'or*. Ces armes furent enregistrées dans l'Armorial de France pour Jean Nicolas d'Ardhuy, prieur de N.-D. de Présailles.

(2) Les Peyroche, de la Terrasse, habitaient ce lieu, dès la fin du XVᵉ siècle. La branche aînée s'éteignit avant la Révolution, dans les Delabre. Quant à celle dite « Peyroche du Manchon », elle se trouve encore représentée par M. J.-L. Peyroche, de Malataverne.

« La famille Peyroche, de la Terrasse, paraissait jouir d'une grande considération. Les registres baptistaires de cette époque donnent aux chefs de cette famille le qualificatif de « maistre ». (Comm. de M. l'abbé E. Mercier) ».

VAUX ANCIEN

DEUXIÈME PARTIE

NOTES SUR QUELQUES MEMBRES DES JOURDA DE VAUX

LE MARÉCHAL DE VAUX

Note 1. — État baptistaire du maréchal de Vaux (1).

« Le douzième mars mil sept cent cinq a été baptisé Noé de Vaux Ecuyer, fils de Jean de Vaux
« Ecuyer Seigneur dud. Vaux et de Retournac. Sa marraine Catherine de Dion dame dud. Vaux.
« Ses grands père et mère et *né led. jour et an, au Fraisse de Vaux,* Félix Dion Vaux Berthozensé
« collationné sur l'original par nous, Curé soussigné, ce vingt neuf mai mil sept cent quatre
« vingt six, Besson de la Rochette, Curé de Retournac. »

Note 2. — Le comte de Vaux aux Armées (*1723-1788*) (2).

« Entré au service le 16 octobre 1723 comme enseigne de la colonelle du régiment d'infanterie

(1) Arch. du château de Vougy (Loire). Comm. de M. Jules du Chevalard.
(2) Général F. Canonge.

« d'Auvergne, il fit en 1733 sa première campagne comme lieutenant du même régiment en Italie
« où il demeure jusqu'en janvier 1738. Quand il se rendit en Corse en janvier 1738, avec son
« régiment, comme capitaine (6 mai 1734), il avait assisté à dix sièges, un combat et aux batailles
« de Parme (29 juin 1734) et de Guastalla (19 septembre 1734), où il reçut deux blessures.

« De Vaux servit en Corse, de 1738 à avril 1741, sous les ordres du général de Maillebois,
« également remarquable comme politique et comme soldat. A une aussi bonne école, il apprit à
« connaître l'esprit et le caractère des populations de l'île. Chargé de défendre, avec 200 hommes
« le village de Guisoni, il opposa une énergique résistance à 1,500 Corses. Blessé à la main droite,
« il se faisait panser, lorsqu'il entendit battre la chamade : effrayé de la disproportion de la lutte,
« son successeur voulait capituler. Échappant au chirurgien, de Vaux revint au lieu de combat,
« fit battre la charge et repoussa l'ennemi qui, quelques heures plus tard, fut contraint, par
« l'entrée en ligne d'un renfort, de se retirer définitivement. Les deux tiers des défenseurs étaient
« hors de combat et de Vaux atteint par un deuxième coup de feu avait un bras cassé. Nommé
« chevalier de Saint-Louis, il reçut, en outre, le commandement de la place de Corte, alors
« capitale de la Corse.

« Le 6 mars 1743, de Vaux était nommé, sur la demande du maréchal de Broglie, colonel du
« régiment d'Angoumois, en récompense de sa conduite à l'armée d'Allemagne en 1742 et plus
« particulièrement, des services rendus sous la direction de Belle-Isle, pendant le siège de Prague.
« Il avait ajouté à ses titres antérieurs trois sièges et un combat.

« De mars à juillet 1743, il participa à la campagne de Bavière.

« En 1744, il assista aux sièges de Menin et d'Ypres. En 1745, le maréchal de Saxe le distingua le
« jour de Fontenoy (10 mai) et surtout au siège de Tournay, d'Oudenarde, d'Undermunde et d'Ath.
« Sa participation en 1746, au siège de Bruxelles, lui valut d'être nommé, le 23 février, brigadier ; c'est
« à ce titre qu'il servit au siège de Namur et qu'il participa, le 11 octobre, à la bataille de Raucoux.

« Pendant dix ans, de 1747 à 1757, il ne cessa de se distinguer.

« En 1747, il servit aux sièges de l'Ecluse, au sas de Gand, du fort d'Issendick et de Philip-
« pine, manœuvre sur Malines (camp), Tirlemont (camp), assista à la bataille de Lawfeld
« (2 juillet) et reçut une cinquième blessure pendant le siège de Berg-op-Zoom.

« Enveloppé en rase campagne, en mars 1748, par des forces très supérieures et fait prisonnier
« après une heure de résistance opiniâtre, de Vaux fut promu maréchal de camp le 10 mai 1748.

« Nommé lieutenant du Roi à Besançon le 4 juillet 1752, il en partit le 1er juin 1757 pour
« aller commander en chef l'île de Corse.

« Nommé lieutenant-général des armées du roi par pouvoir du 17 décembre 1759, il quitta la
« Corse, en janvier 1760, pour rejoindre en Allemagne, le 1er avril suivant, l'armée du maréchal
« de Broglie.

« En 1760, il assista au combat de Bergen (13 avril) et à l'attaque du camp de Wangenheim
« (19 septembre). Mais le plus beau fleuron de sa couronne fut certainement la défense de la plaine
« de Gottingen qu'il dirigea d'une façon *active* : il y commanda presque constamment, du
« 19 novembre 1760 à 1761. Pendant le blocus de l'hiver de 1760 à 1761, il repoussa les attaques
« du prince Ferdinand de Prusse, multiplia à propos les sorties, fit de nombreux prisonniers à
« l'ennemi, détruisit souvent ses magasins et sut se procurer toutes les subsistances. Dans telle
« action de vigueur qu'il prolongea jusqu'à quatre lieues de la place, il infligea à l'ennemi une
« perte évaluée à plus de 3,000 hommes dont 600 prisonniers.

« Le 19 mai 1761, le roi lui donnait, en témoignage de sa satisfaction, le gouvernement de
« Thionville.

« Lorsque, en février 1769, de Vaux fut appelé par la confiance de son souverain, au comman-
« dement de l'armée en Corse, il avait figuré dans une trentaine de sièges au minimum,
« assisté à un grand nombre de combats, à cinq grandes batailles et reçu, au service du roi et de
« la France, cinq blessures ; il était grand-croix de l'ordre royal et militaire de Saint-Louis.

« Dès mars 1768, lorsqu'il était question d'envoyer des troupes en Corse, le comte de Vaux,
« alors âgé de soixante-trois ans, avait pris les devants et adressé de Thionville, le 30 août, au
« duc de Choiseul, la demande suivante qui l'honore :

« Monseigneur,

« Le bruit s'étant répandu à Paris que le Roi se propose d'envoïer des troupes dans l'isle de
« Corse pour soumettre les Rebelles, je dois, Monseigneur, offrir mes services dans cette occasion,
« et si vous donnés, Monseigneur, le commandement de cette expédition, à M. le Cte de Stainville,
« loin de répugner d'être sous ses ordres, je n'en aurai que plus de zèle pour concourir à sa gloire
« et au succès des affaires; aïant servi sous le maréchal de Maillebois, et commandé dans ce païs
« pendant deux ans et demie les troupes de Sa Majesté...... Si vous me croïés capable, Monsei-
« gneur, de pouvoir être utile relativement à cet objet, soit par écrit ou autrement, vous me
« trouverés toujours disposé à l'exécution de vos ordres.....

Note 4. — LE COMTE DE VAUX EN CORSE (1).

« La campagne de 1768 avait été glorieuse pour les Corses, car l'incapacité du marquis de
« Chauvelin n'avait pu venir à bout de leur entrain. Décidé à triompher rapidement de cette
« résistance, de façon à ne pas prolonger le scandale d'une agression injuste, le duc de Choiseul
« renforça le corps expéditionnaire et lui donna pour chef le général comte de Vaux, qu'il munit
« de pleins pouvoirs.

« L'effectif probable de l'armée était de 17,000 fantassins et de 2,000 cavaliers, soit un total
« de 20,000 hommes en tenant compte de l'artillerie, du génie et de miquelets basques.

« Dans les rangs de cette armée figuraient quelques hommes connus ou sur le point de l'être : le
« vieux lieutenant général du génie Bourcet, auquel on doit d'importants travaux sur la guerre
« de montagne ; le colonel comte Guibert, écrivain militaire distingué ; Dumouriez, qui poursuivait
« une aventureuse carrière déjà bien remplie ; enfin le capitaine de dragons comte de Mirabeau, le
« futur orateur de la Constituante.

« Le choix du général en chef était bon. Noël Jourda, comte de Vaux, servait depuis 1724
« et avait un beau passé militaire, comptant à son actif dix-neuf sièges, dix combats, quatre
« grandes batailles et quatre blessures. Dès 1738, il était venu en Corse comme major au régiment
« d'Auvergne et s'était fait remarquer par la belle défense du couvent de Guersamani, où avec
« deux cents hommes il avait repoussé les efforts d'un ennemi environ dix fois plus nombreux. Il
« avait pris là, à l'aide du marquis de Maillebois, homme remarquable comme politique et
« comme soldat, pacificateur intelligent et honnête, à connaître le caractère et les mœurs des

(1) Le général F. Canonge : *Un Oublié* (article paru dans *Le Gaulois*, n° du 24 janvier 1905).

« insulaires, en même temps que le terrain. Personnellement, de Vaux était austère, ennemi du
« faste, dur et sévère, mais bon et ayant, a écrit Dumouriez dans ses *Mémoires*, une « âme
« sensible, juste et même affectueuse »; fort instruit, d'une scrupuleuse probité, il allait réprimer
« les abus qui s'étaient introduits dans les rangs de l'armée et conduire la conquête avec une
« douceur à laquelle tous se sont plu à rendre justice.

« Notre intention n'est pas de raconter en détail la rapide campagne de 1769, mais d'en indi-
« quer seulement la marche générale.

« Tout d'abord, de Vaux eut le mérite de comprendre l'importance à la fois stratégique et
« nationale de Corte, la vieille ville de Paoli : renonçant donc à batailler inutilement sur le littoral
« bien qu'il chargeât un détachement spécial de le longer, pour le pacifier, d'Aléria à Porto-
« Vecchio, il donna Corte, comme objectif, plus ou moins éloigné, à trois autres colonnes.

« Paoli avait établi son quartier général à Murato, dans le Nebbio. Trop étendue, sa ligne de
« défense, dont les abords étaient défendus par des villages retranchés ou par des redoutes,
« pouvait être forcée en son centre, à Rapale. On lui a reproché de n'avoir pas attaqué les Français
« et de leur avoir laissé le temps de manœuvrer; avec un front aussi démesuré, il était presque
« obligé d'attendre le choc.

« De Vaux procéda méthodiquement, et lorsque, le 7 mai 1769, à la tête de la colonne princi-
« pale, il se porta, en avant, par Murato, sur Lento, d'où il comptait gagner le Golo, il avait fait
« améliorer les chemins et assuré ses flancs comme ses derrières.

« Le jour même, le centre de la ligne corse est rompu à Rapale et de Vaux pousse jusqu'à
« Lento, où il dispose ses troupes de façon à être prêt à recevoir l'attaque ou à pouvoir reprendre
« en toute sécurité la marche en avant.

« A partir de ce moment, les Corses, on peut le dire, sont demeurés privés de chef : Paoli leur
« a fait défaut comme général et comme soldat. Disséminant sur les deux rives du Golo, plus loin
« encore, des forces un peu inférieures à celle dont dispose son adversaire, il se trompe sur la
« direction, bien naturelle cependant, que va suivre celui-ci et, par suite de la diminution de ses
« forces, il est faible partout.

« La journée du 8 mai est marquée par deux simples escarmouches.

« Le lendemain même est livrée non pas la bataille, comme le disent arbitrairement les
« historiens corses, — le singulier combat de Ponte-Novo, combat sans artillerie, dans lequel le
« peuple corse perdit « sa liberté et son indépendance », ainsi que l'a écrit mélancoliquement
« Gregorovius.

« Ce combat du 9 mai comprit deux phases distinctes et bien différentes.

« La première consista dans l'audacieuse marche en avant — à l'insu de Paoli, qui était éloigné
« — d'une colonne forte d'environ deux mille hommes : partie de Ponte-Novo sur le Golo, elle
« prétendait atteindre Lento; arrêtée de front, puis attaquée sur ses deux flancs, elle dut, malgré
« la bravoure de ceux qui la composaient, rétrograder en désordre sur Ponte-Novo.

« Alors commença la dernière phase, phase de massacre. Pourchassés par les Français,
« accueillis à leur arrivée sur le pont par le feu stupide des défenseurs mêmes de la rive droite
« de Golo, les malheureux débris y furent immobilisés et en grande partie égorgés

« Il eut été possible à Paoli, puisque 3,000 hommes seulement avaient été engagés à Ponte-
« Novo, de défendre, pour retarder la marche des Français sur Corte, l'importante position de
« la Stretta d'Omessa; il avait, paraît-il, des soucis plus personnels.

« Le 16 mai, de Vaux franchissait le Golo ; puis, sans que sa marche fût ralentie par les mesures
« de prudence exigées, il s'avançait sans encombre sur Corte dont il prit possession le 22 mai.
« La soumission complète de l'île (1) suivit de près le départ définitif de Paoli qui s'embarqua,
« le 11 juin, à Porto-Vecchio pour la Toscane d'où il se rendit en Angleterre.
« Grand patriote, mais dépourvu totalement de talents militaires, il avait manqué à l'heure
« décisive : il prétendit faire une guerre méthodique dont il ne pouvait assurer la direction,
« alors que la nature du terrain et les qualités physiques et morales des vaillants volontaires
corses eussent dû lui faire adopter une guerre de chicanes.
« Ce qui précède suffit pour justifier la réputation du général de Vaux auquel le bâton de
« maréchal ne fut cependant accordé, bien qu'il ait continué à servir utilement, que le
14 juin 1783, à l'âge de soixante-dix-huit ans !
« En Corse, il a dirigé son armée avec une entente sérieuse de la guerre, avec un heureux
« mélange de prudence et de vigueur, ainsi que l'exigeaient les leçons d'un passé récent. Vain-
« queur, il ne s'est pas laissé énivrer par le succès et a sagement agi en faisant preuve d'une
« modération à laquelle les Corses si souvent opprimés n'étaient pas accoutumés... »

Note 5. — Le comte de Vaux reçoit le commandement d'une armée devant effectuer une descente en Angleterre (1780) (2).

Une armée, dite *Armée de Vaux*, et composée de 40.000 hommes, fut réunie sur les côtes de la Manche, en vue d'opérer une descente en Angleterre, où 394 navires devaient la transporter. Une force navale française et espagnole, de 68 vaisseaux, commandée par d'Orvilliers, puis par du Chaffaut, devait également prendre part aux opérations. Le projet ayant été abandonné par le Ministère, cette armée fut dissoute le 15 octobre 1780 (3).

Note 6. — Mission du Maréchal de Vaux en Dauphiné (1788).

En 1788, l'état des esprits en Dauphiné donnant de vives inquiétudes au Gouvernement, on appela de Besançon à Grenoble le maréchal de Vaux, qui malgré ses 83 ans, vint se mettre en face

---

(1) Ce fut en quelques mots, qu'il rendit compte de cette conquête, à M. de Choiseul : « La conquête de l'isle ne
« coûte au Roi que onze officiers et quatre-vingt soldats tués, vingt officiers et deux cents soldats blessés. Si j'avais
« été moins avare du sang des troupes, elle aurait eu beaucoup plus d'éclat, mais la conservation des hommes est
« préférable à tout ce qui peut flatter l'amour-propre et donne plus de réputation... » (Truchard du Molin, *loc. cit.*, 197.)

(2) H. Martin, *Hist. de France*, VI, 441 et suiv. ; — etc.

(3) «... Après avoir commandé l'expédition que le gouvernement projetait contre l'Angleterre et qui n'eût pas lieu, le maréchal conservait, en 1781, le commandement des troupes que le Roi tenait encore rassemblées en Bretagne. A la fin du premier mois de ce service, le trésorier de l'armée apporta à ce général la même somme qu'il lui avait comptée pour son traitement, le mois précédent. « Il ne m'en faut que la moitié, lui dit le maréchal de Vaux. « N'ayant pas les mêmes dépenses à faire, je n'ai pas besoin du même traitement. » Et il en écrivit sur le champ au ministère. Celui-ci lui répondit qu'il avait mis sa lettre sous les yeux du Roi, et que Sa Majesté voulait que la totalité des appointements qu'il avait eus l'année précédente lui fût payée comme une preuve de satisfaction pour ses services. « Je ne puis accepter, répondit le maréchal, cette marque des bontés du Roi. Ce sera le seul ordre « de Sa Majesté auquel, dans tout le cours de ma vie, je me serai cru dispensé d'obéir. ».

d'une situation difficile. Il remplaçait à Grenoble le duc de Tournon. Son entrée en cette ville fut « aussi brillante que possible ». Ce fut avec un « froid glacial », qu'il reçut la visite des corps militaires et de l'administration. Par son ordre, les États du Dauphiné furent tenus au château de Vizille, au lieu de l'être à Grenoble, suivant la coutume.

Note 7. — JEAN-FRANÇOIS ET MARCELLIN JOURDA DE VAUX DE FOLETIER (1) (1793).

ux années orageuses de la Révolution, le chef des Jourda de Folletier était Jean-François. Deux de ses fils allèrent combattre dans l'armée des princes. Lui-même et Marcelin, son troisième fils, à peine âgé de 15 ans, à l'appel des Lyonnais, accoururent dans la ville assiégée pour la défendre (2), et comme le chevalier de la Roche-Négly (3) et quelques autres vaillants cœurs de la Haute-Loire, partagèrent, sous le commandement du comte de Précy, tous les succès et tous les revers de cette mémorable résistance. On sait quel sort réservaient aux vaincus les proconsuls de la Convention. Traduits devant une commission révolutionnaire, les MM. de Folletier y étaient condamnés à l'avance. Quelque pitié cependant, à cause de son âge, se manifestait en faveur de son fils et on lui promit de l'acquitter s'il voulait déclarer qu'il avait été entraîné par son père ; mais le jeune homme répondit qu'il n'acceptait pas la vie à cette condition, *aimant mieux mourir avec son père pour Dieu et pour le Roi.* Après cette réponse héroïque, attachés l'un à l'autre par le bras, ils marchèrent ensemble vers la plaine des Brotteaux où ils furent mitraillés le 8 décembre 1793 avec soixante-dix autres victimes. »

Note 8. — NOËL-GABRIEL, *dit le baron de Vaux*, maréchal de camp des Armées du Roi.

Sous-lieutenant dans Royal-Infanterie (10 février 1766), fit partie de l'état-major de son oncle, le comte de Vaux, opérant en Corse ; sous-aide-major-général (29 mai 1769), lieutenant-colonel et aide-maréchal-des-logis (6 nov. 1771), colonel (4 juil. 1779), maréchal-de-camp des Armées du Roi (1er mars 1789). Retiré du service, il se trouvait auprès de la Famille Royale, le 10 août 1789. Arrêté (20 oct. 1793), il comparut devant le Tribunal révolutionnaire de Paris, et fut relâché le 7 sept. 1794.

Note 9. — JEAN-HIPPOLYTE (*frère Antonio*) JOURDA DE VAUX DE CHABANOLLE (1843-1900) (4).

ARMI les hommes les plus remarquables que j'ai rencontrés dans mes lointaines péri-
« grinations, je dois citer un de nos compatriotes, qui appartenait à une des meil-
« leures familles de la Haute-Loire, la famille Jourda de Vaux, et, sous le nom bien
« modeste de frère Antonio, s'était créé, en Nouvelle-Calédonie, qu'il habitait
« depuis plus de 30 ans, une popularité extraordinaire. Le frère Antonio avait fondé

---

(1) Abbé Cornut, *Causeries historiques*, II, 192, 193 ; — Truc hard du Molin, *loc. cit.*, 214, 215.
(2) « A la Croix-Rousse, le jeune Marie Marcellin mérita les éloges publics du comte de Précy. Chargé, aux Brotteaux, de la défense d'un redan, il soutint, avec 15 hommes, le choc de tout un bataillon de Dubois-Crancé et l'obligea à renoncer à son attaque ».
(3) Connu alors sous le nom de *Rimbert*. (Voir généalogie : Rochenégly (de la), *Supplément*).
(4) Extrait de l'allocution prononcée par le général de Pélacot, de l'Armée coloniale, à un banquet réunissant à Paris, la *Société des Enfants de la Haute-Loire*. (*La Haute-Loire*).

« toutes les écoles existant dans cette lointaine colonie et avait même organisé un établissement
« spécial pour les fils de forçats. A Nouméa, où il habitait pendant les dernières années de sa vie,
« les gens de tous les partis venaient lui demander conseil. Le frère Antonio est mort à la peine.
« C'est un nom que nous devons retenir car il nous fait le plus grand honneur ».

Note 10. — AMABLE DE JOURDA, COMTE DE VAUX (1828-1895).

« .... M. le comte Jourda de Vaux laisse derrière lui, avec une mémoire bénie, de touchants et
« unanimes regrets. Héritier et gardien des traditions de sa famille, il avait compris de bonne
« heure cette loi providentielle, qui veut que
« ceux qui ont été plus favorisés, soit dans
« l'ordre matériel, soit dans l'ordre de la foi,
« mettent les biens qu'ils ont reçus au service
« de leurs frères. Il a réalisé dans sa personne
« le type accompli de l'homme de bien. La
« charité et la bonté étaient ses vertus domi-
« nantes... Rien ne le contristait comme la
« misère du pauvre. Il aimait à visiter les
« malades... Qui dira le bien qu'il a fait, toutes
« les aumônes qu'il a distribuées !... Sa foi
« était vive et énergique. Il ne craignait pas
« d'en donner, sans ostentation mais aussi
« sans faiblesse, des « témoignages publics...
« Il était au premier rang de ces laïques
« dévoués sur qui l'Eglise peut compter,
« et qui ne lui marchandent jamais leur concours. Les œuvres sociales qui ont pour but
« le rapprochement des classes, n'avaient pas le plus chaud partisan... Fondateur et Président
« actif d'œuvres importantes, conférences de Saint-Vincent-de-Paul, cercles, patronages, il
« donnait à toutes... Il se plaisait au milieu de ces enfants du peuple qui l'aimaient et le regardaient
« comme un père... « *C'était un saint* », telle est l'exclamation sortie de bien des bouches à la
« nouvelle de sa mort. « *Il est au ciel* », voilà l'impression de tous ceux qui vinrent le contempler
« sur sa couche funèbre... » (1).

Le comte de Vaux avait fait construire dans le Luxembourg belge, le beau château de *Petite-
Somme*, qui connut, hélas ! le passage de l'ennemi, dès le début des hostilités (1914).

Note 11. — LE VICOMTE AMÉDÉE DE VAUX (1831-1870).

Etats de service : « Engagé volontaire au 3e régiment de Hussards (25 déc. 1850), brigadier
« (9 sept. 1851), maréchal-des-logis (25 mars 1853), sous-lieutenant (6 oct. 1855), passé au
« 6e Lanciers (même date), passé au régiment des Guides (11 août 1856), passé, par permutation
« au 6e Lanciers (26 fév. 1859), lieutenant (14 mars 1864), capitaine (25 juin 1870), mort à l'hôpital
« de Neufbrisach, le 30 juil. 1870 ».

(1) Eloge funèbre prononcé le 25 novembre 1895, par M. l'abbé Wibin, curé de Somme-Leuze.

Lettre du général baron Ambert, inspecteur de la Cavalerie (Paris, le 22 avr. 1863 ; Arch. de l'auteur., « ... J'ai dit au colonel Tripart du 6ᵉ Lanciers, que M. de Vaux a hérité des nobles sentiments de sa famille et que tous ses colonels m'ont affirmé « qu'ils le considéraient comme l'un des meilleurs officiers « du corps ».

Dans l'un de mes albums, figure la photographie du lieutenant H. Moussy, du 6ᵉ Lanciers. Ces quelques mots l'accompagnent :

« A la mémoire de notre frère Moussy, Henri, tué à Lyon, « le 6 mai 1866, dans une fête de charité en faveur des « orphelins de la ville ».

> *C'est pour des orphelins qu'il a donné sa vie,*
> *Leur faisant en un jour, l'aumône de son sang ;*
> *Moussy, en combattant pour sa chère Patrie,*
> *Eut désiré marcher toujours au premier rang.*
>
> *Sois heureux, noble cœur, reçois la récompense,*
> *Que méritaient si bien tes modestes vertus ;*
> *Intercède pour nous Celui dont la clémence*
> *Promet à ses enfants le séjour des Élus.*
>
> *Tu laisses ici-bas, ta sœur inconsolable*
> *Des amis, que ta mort plonge dans le deuil,*
> *Ton souvenir pour eux doit être immuable,*
> *Ils viendront chaque jour pleurer sur ton cercueil.*

Celui des amis et compagnons d'armes d'Henri Moussy, qui lui adressait cet au revoir ému, n'était autre que mon regretté père, le vicomte Amédée de Vaux.

Rapport du colonel du 18ᵉ Dragons (ex 6ᵉ Lanciers) : « Le « colonel du 18ᵉ Dragons (ex 6ᵉ Lanciers) se fait l'interprète « du régiment, pour exprimer les regrets causés par la perte de « M. le capitaine Jourda de Vaux et pour rappeler que les exi-« gences du service ont contribué à aggraver la maladie qui a « emporté cet officier, aimé et estimé de tous.

« Rambouillet, le 15 janvier 1872.

« *Le Colonel du 18 Dragons,*
« L'HOTTE. »

MAUSOLÉE DU Vᵗᵉ AMÉDÉE DE VAUX
à Neufbrisach (Haut-Rhin).

LES SEIGNEURS DE VAUX

TROISIÈME PARTIE

APERÇU HISTORIQUE
SUR QUELQUES FIEFS DES JOURDA DE VAUX

Note 1. — Vaux (1).

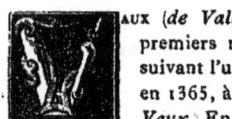

Vaux (de Vallis, Vaulx, etc.), en la paroisse de Saint-Julien-du-Pinet, a eu pour premiers maîtres les de Pastural (appelés indifféremment de Vaux, de Beaux, suivant l'un de ces deux fiefs qui leur appartenaient). Elise « de Vaux », reconnut en 1365, à l'Evêque du Puy, sa *grange de Beaux* : et de 1383 à 1389 sa *grange de Vaux*. En 1343, noble Richond de Vaux, chevalier, avait hommagé cette grange ; et précédemment : noble Adémar ou Eymar de Vaux, damoiseau (1245-1327). Dès 1343, ceux que nous trouvons, comme en étant possessionnés, ne sont autres que des de Mercuret, tels : Bertrand Armiste de Beaux (1343), puis Briant de Beaux (1347). Elise de Vaux, *dame de Vaux* semble avoir épousé Artaud de Gorce, fils de Pierre III, et de Marguerite de Ceyssac, dame du Cheylon. Dans la période 1525-1550, Françoise de Gorce, dame de Loudes et de *Vaux*, s'allia à Gilbert d'Isserpens, baron de Gondras. Le 16 oct. 1594, Louis de Saint-Pol, seigneur de Vaux, capitaine royaliste, était tué devant les murs du Puy, aux mains des Ligueurs. Le 10 février 1602, Jean de Saint-Germain d'Apchon, épousait Jeanne de Saint-Pol, *dame de Vaux*. Paul d'Apchon, l'un de leurs fils, cédait Vaux, à Jean Jourda, écuyer ; cela, au prix de 12,300 livres pour le domaine, de 3,006 livres pour les rentes, et à la charge de payer annuellement aux chanoines de l'Eglise du Puy, 18 livres, et aux religieuses de Chamalières 3 setiers de seigle, 1 d'avoine, 2 gelines et 7 livres en argent pour anciennes fondations affectées sur la propriété vendue (24 octobre 1653).

Pendant les guerres civiles, le château de Vaux reçut une garnison royaliste, particulièrement en 1591 et 1594.

(1) Truchard du Molin, *loc. cit.*; — Arnaud, *Hist. du Velay*, II; — A. Lascombe, *loc. cit.*

Les seigneurs de Vaux possédaient dans l'église de Retournac une chapelle dédiée à Sainte-Anne, et y recevaient leur sépulture. En 1731, le seigneur de Retournac (en même temps que de Vaux et d'Artias) obtenait de l'Evêque du Puy, l'autorisation de transférer le service de la chapelle d'Artias (vu son état de vétusté et de délabrement), en sa chapelle domestique de Vaux, qu'il venait de faire réparer ; mais, sur les réclamations des habitants d'Artias, cette chapelle fut rendue, plus tard, au culte.

Note 2. — LA BARONNIE DIOCÉSAINE DE ROCHE-EN-RÉGNIER (1) (Velay).

ARMI les sommets trachytiques qui dressent leurs têtes arides et leurs profils bizarres sur les escarpements de la Loire, *la Roche* avait acquis au xve siècle une assez grande importance historique : c'était une des dix-huit baronnies et une des neuf villes consulaires en Velay ». Le canton est Vorey ; la paroisse est à Saint-Maurice, et, pitié ou dérision ! la baronnie des ducs de Bourbon et des ducs de Ventadour, des Nerestan et

des de Vaux, la ville qui entre les officiers de justice et ses consuls s'était élevée derrière ses remparts aux agitations et aux loisirs de la vie bourgeoise, la place qui reçut une garnison et qu'assiégèrent tour à tour les ligueurs et les royalistes pendant les guerres civiles, n'est plus que le chef-lieu d'une commune rurale ». Cette baronnie s'étendait en quatre mandements distincts, mais contigus, des frontières orientales de l'Auvergne jusque par delà la rive droite de la Loire. Le mandement de *Haut-Malivernas* avait pour chef-lieu Beaune, dont la cure était à la collation du baron de Roche (le maréchal de Vaux y nommait encore en 1782). Le fief de Mont, sinon tout le mandement du *Bas-Malivernas* (chef-lieu : Saint-Pierre-du-Champ), démembré de bonne

(1) Truchard du Molin, *loc. cit.*, etc.

heure, passa aux d'Agrain. Quant aux autres mandements (Roche, Artias et Retournac), ils comprenaient un grand nombre de villages dépendant actuellement des communes de Saint-Vincent, Vorey, Mezeyres, Saint-Julien-du-Pinet, Beaux, Beauzac, Chamalières, Solignac, Saint-André, etc. Pour le mandement de Roche, la baronnie relevait directement du seigneur de Chalencon en Vivarais. Pour les autres mandements (à l'exception de celui de Retournac, indivis entre l'Evêque du Puy et le baron de Roche), ils étaient de la mouvance de l'Evêché du Puy (1).

Six maisons, toutes nobles, se succédèrent en la baronnie de Roche.

On présume que *Rainarius de Rocha*, un cadet, peut-être, de la maison de Chalencon, fut le premier seigneur de Roche (943-1020). En 1336, Jamage de Roche, *dame de cette baronnie*, épousait Philippe II de Lévis, vicomte de Lautrec. Par acte du 20 janvier 1463, Antoine de Lévis-Lautrec, comte de Villars, baron de Roche, etc., cédait ses biens, moyennant 12,000 écus d'or, à Louis II, duc de Bourbon, époux de Marie de Berry. La succession du Connétable de Bourbon ayant été acquise à la Couronne (arrêt du Parlement, prononcé le 27 juil. 1527), François Ier et sa mère, Louise de Savoie, se la partagèrent (27 août 1527). Par acte du mois d'août 1538, le Roi donnait la baronnie de Roche, à Louis II de Bourbon-Montpensier, prince de Roche-sur-Yon, à l'occasion du mariage de celui-ci, en 1534, avec Jacqueline de Longwy (fille de Jeanne, bâtarde d'Angoulême, née de Charles d'Orléans, père de François Ier, et d'Antoinette de Polignac, dame de Cambronde). Par arrêt du Conseil (23 août 1582), Gilbert II de Lévis, comte de Ventadour, baron de la Voûte en Vivarais, et de Vauvert, obtenait la restitution des terres de Roche et d'Annonay. Vendue aux enchères, dès le 14 août 1671, la baronnie fut acquise, le 3 sept. 1673, au prix de 136,700 livres, par Charles-Achille, marquis de Nérestan (fils du marquis Jean-Claude, et d'Ennemonde-Joachim de Harlay, veuve de Charles des Issarts, marquis de Maigneux), marié à Françoise de Grave. Louis-Achille, leur fils (dernier de sa maison), vendait à Jean II Jourda écuyer, seigneur de Vaux, tout ce qu'il possédait de la baronnie de Roche (acte reçu Me Ollanier, notaire à Saint-Didier-la-Séauve, le 24 juil. 1730). Le prix de vente fut de 63,000 livres (plus 7,000 livres pour droits de lods) (2).

Vu ses hautes fonctions, qui le retenaient à l'armée, le maréchal de Vaux eut, un moment, l'intention de se dessaisir de sa baronnie de Roche et de sa terre de Retournac. Le 13 août 1773, il écrivait, en effet, à son régisseur : « J'oubliois de vous dire que je vendrois volontier ma terre de « Roche ainsi que celle de Retournac, à celui qui voudroit me payer cinq cent francs le septier, et « cinquante sols la cartonnée des bois et des rochers, proposés moi un acquéreur et le marché sera « bientôt conclus » (3).

Note 3. — CHABANOLLE OU CHABANOLES (Velay).

'EST à un monticule très boisé, que s'adosse l'antique château de Chabanolle, bâti sur la rive droite de la Loire, en la paroisse de Retournac. Du castel, la vue embrasse la forêt de Cherine, Mercuret, le village de Chenebeyre, la Magdeleine, ainsi que le vallon de Preaux et de Chanoux. Ses premiers maîtres en portaient le nom. L'un d'eux, noble Pierre de Chabanolles, reconnut son fief, en 1309, à l'Evêque du Puy. En 1534, Chabanoles échut aux Terrasse, puis aux Jourda de Vaux.

(1-2) Truchard du Molin, *loc. cit.*
(3) Arch. dép. de la Loire, papiers Chaleyer.

Note 4. — Le Fraisse (1) (Velay).

Anciennement de Fraxin, la Claustre du Fraisse, le Fraisse, situé au confluent de la Loire et du Rameh, dépendait, au moyen âge du grand prieuré d'Auvergne, qui l'échangea en 1273, contre le prieuré des Echelles appartenant à l'abbaye de Saint-Chaffre-du-Monastier. Acquis le 27 décembre 1610, par Noël Jourda, le Fraisse passa à Jean Chevalier, d'Yssingeaux (17 ventôse an III).

Note 5. — Paulat (2) (Forez).

Le château de Paulat, complètement réédifié en ces dernières années, est situé à une très courte distance de Firminy (Loire). Son fief était mouvant de la baronnie de Cornillon et du prieuré de Firminy. Ses premiers possesseurs, qui en portaient le nom, en aliénèrent une partie, en 1499, en faveur de Bernard Rajat. En 1640, Paulat appartenait à Pierre Baraille, seigneur de la Beynodière, marié en 1647, à Aymare Ansermet ou Anselmet (des seigneurs des Brunenux). Jean Baraille, seigneur de Paulat, leur fils, s'allia à Catherine Duon, dame de Champes, laquelle, veuve de Marc de Saint-Germain, seigneur de Champes, s'allia en 1697, à Noël de Jourda, comte de Vaux, baron de Roche-en-Régnier. De cette famille, Paulat échut successivement par suite de vente, aux Boggio (1854); aux Puy du Roseil (1860), qui firent restaurer le château : aux Gabillot-Chaney, et enfin, aux Verdié (1864).

Note 6. — Artias (Velay).

Les ruines d'Artias, qui sont la propriété du comte Charles de Vaux, se dressent sur la rive gauche de la Loire, après Chamalières, en venant du Puy. La chapelle romane, assez bien conservée, se trouve mentionnée dans un acte de l'an 1272. Jeanne de Chalencon, veuve d'Antoine de Lévis, comte de Villars et seigneur de la Roche, testa au château d'Artias, le 22 févr. 1474. En 1489, le Grand-Bâtard de Bourbon ayant eu quelques contestations avec Jean Berry, ancien conseiller de son père, le faisait précipiter du haut d'une tour du castel, dans la Loire. Ce fait se passa à Artias, et non à Retournac, comme l'ont écrit les historiens foréziens.

(1) Truchard du Molin, loc. cit.
(2) E. Salomon et G. de Jourda de Vaux, Les châteaux du Forez.

Note 7. — Le Rhuiller (à Chamalières).

Ce fief faisait partie de l'enclave actuelle de la commune de Chamalières. Le 10 mai 1529, Claude Tourton, marchand de Monistrol, rendait un hommage au prieur de Saint-Gilles, « devant le château ». Le 5 avril 1611, Charlotte d'Allard et son mari Pierre Girard, recevaient de sa mère, Charlotte de Galbert, la « maison forte » du Rhuiller. Des Girard, le Rhuiller échut, par suite d'alliances, aux Usson, puis aux Jourda de Vaux de Chabanolle, dont le rameau dit *du Rhuiller*.

Le château, vendu depuis peu (1), à un habitant de Chamalières, avait conservé tout son cachet d'antan, alors qu'il se trouvait habité par le comte Charles de Vaux (décédé en 1880).

Le château dominant, ainsi que son vaste enclos, le bourg de Chamalières, se composait, à cette date, d'un corps de bâtiment (flanqué d'une tour cylindrique) qui comprenait sur le devant, au rez-de-chaussée, une vaste remise, et au premier, le salon et la salle à manger. Une construction formant équerre s'étendait à quelques mètres plus loin. Au rez-de-chaussée : l'entrée avec l'escalier, les chambres de domestiques ; et au premier, un long corridor séparant plusieurs chambres. L'une d'elles était tendue de vieilles et curieuses tapisseries.

En 1880 encore, les châtelains du Rhuiller possédaient en la vieille église paroissiale (classée parmi les monuments historiques), leur banc. Celui-ci occupait toute l'abside qui se trouve éclairée par un vitrail représentant saint Charles Borrommée (patron du donateur, le comte de Vaux décédé en 1880).

(1) Par acte du 10 juil. 1909, reçu Me Rioufol, notaire au Puy, les héritiers du comte Amable de Vaux vendirent à M. Félix Peyrache, de Pierre-Haute, le château avec tous les meubles qui s'y trouvaient, l'enclos, les terres et dépendance du Rhuiller (Chamalières). Le prix fut de 14,500 francs.

SUPPLÉMENT

ET NOTES SUR DES ALLIANCES

DES

JOURDA DE VAUX

SUPPLÉMENT

ET NOTES SUR QUELQUES ALLIANCES

DES

JOURDA DE VAUX

Note 1. — Agulhac de Soulages (d') (*Gévaudan*) (1). Voy. page 11.

A une date fort reculée, vivaient : Bernard et Gérard d'Agulhac, qui furent témoins d'une donation en faveur de l'abbaye des Chambons (1187) ; Pons d'Agulhac, qui fonda la chapelle de ce nom, en la paroisse d'Auroux en Gévaudan (1232).

De son mariage avec Agnès (de Villaret, nous le présumons), Mathieu ou Bernard, damoiseau, co-seigneur de Malmont, fut père de Pierre, marié en 1430, à Louise Grimald, qui lui donna : François, qui devint seigneur de Soulages, en épousant en 1470, Catherine « de Solatges ». Sa postérité s'allia (en ligne directe) avec les : de la Tour-de-Bains (1510), de Caylus, de Chastel de Condres (1602), de Costavol (1642), de Retz de Bressolles (1673 ou 1676), de Buffière (1700). Nous arrivons au XIe degré, avec *Gaspard-Louis*, chevalier, seigneur de Soulages, marié le 13 nov. 1743, avec *Jeanne-Marie de Jourda de Vaux*, dont : XII Jean-Louis-Gaspard, chevalier de Saint-Louis (1784), ép. le 28 août 1781, Françoise de Jossouin de Bonnery, fille de Samuel-Thomas, et de Barbe de Guérin de Vaujours : XIII Armand-Louis-Noël d'Agulhac de Soulages (1752-1858), qui ne laissa pas de postérité de son mariage, le 19 janv. 1813, avec Julie-Ernestine-Gilberte de Romeuf, fille de Claude, et de Flore de Fauveau, adopta, de concert avec sa

(1) G. de Burdin, *loc. cit.*, etc.

femme, leur nièce Adèle de Romeuf (mariée le 3 sept. 1851 au baron Georges-Louis Richard de de Beaumefort, dont : 1° Mᵐᵉ Casimir de Limairac ; 2° Charlotte-Marie-Gilberte ; 3° Joseph-Augustin).

Note 2. — BARTHÉLEMY (Velay). Voy. page 21.

Cette famille d'origine vellave, connue également dans les anciens titres sous les noms de : *de Barthélemy, Chabades, Durianne*, a formé la branche des seigneurs de Talobre, encore représentée à Lyon et à Goudet (Haute-Loire).

Seigneurs de Talobre dès 1284, au moins, les Barthélemy ont donné en la personne de Mathieu Barthélemy, un 1ᵉʳ consul du Puy (1373). Citons ensuite comme lui ayant succédé : noble Barthélemy, dit Chabades (1470) ; — Vital Chabades, dit Durianne, écuyer, seigneur de Durianne et en partie de Malpas, les Pradaux et Freycenet (mandement de Solignac), marié à noble Miracle Rochier, du Puy ; — « nobilis Vitulis Bartholomei » qui, marié à Jeanne de Joannas, céda, le 4 mai 1521, ses droits sur Talobre, à la vicomtesse de Polignac.

Au xvɪᵉ siècle, une branche se détacha de la souche principale, et vint s'établir au Monastier. C'est là que nous trouvons : Jean Barthélemy (fils d'autre Jean, notaire en 1425), notaire royal, qui laissa de Charlotte Badiou, fille de Vincent, notaire royal, et de Jeanne Ollier : 1° Claudette, mariée en 1635, à Jacques de Veyrac, fils de Jean, et d'Antoinette des Sauvages ; 2° « Barthélemy de Barthélemy », seigneur du Cros, marié à Marguerite de Veyrac, née en 1621, fille de Louis et de Jeanne de la Roche, dont postérité possessionnée aux Salettes près Solignac ; 3° Jeanne, femme de Durand Chazalon, notaire au Monastier. Citons encore : Antoine Barthélemy (fils de Sébastien, et d'Antoinette Armand), marié le 5 mars 1687, à Jeanne Lashermes, fille d'Antoine et d'Antoinette Malartre, de Goudet ; — Félix Barthélemy, syndic du Prieuré de Goudet (1753). Célestin Barthélemy (fils d'Alexandre, de Goudet et de Marie-Antoinette Belut), père de Célestin, marié à Virginie Laborde, dont : Auguste, anc. notaire à Solignac-sur-Loire, établi à Lyon, marié à Marie Bonnenfant (dont : 1° *Georges* (2), fiancé à *Marie de Jourda de Vaux* ; 2° Jean) ; — Alexandre, habitant Goudet ; — Mᵐᵉ Achard.

Note 3. — BAUD OU BEAUD DE BRIVE (Velay) (3). Voy. p. 25.

Cette famille, anoblie par lettres royaux datées du 26 janvier 1816, est originaire des environs de Lantriac (Hte-Loire). Vers 1502, naquit à la Colange, Pierre Baud, qui épousa Florette Dornon. Ses descendants contractèrent alliance avec les maisons : Exbrayat (avant le 22 sept. 1551) ; Exbrayat (de Couteaux) ; Chamard, Reynaud (de Coubon), en 1671 ; Odde de la Tour du Villard, d'où J.-B. Antoine Beaud, seigneur de Brives (près le Puy), conseiller au sénéchal et présidial du Puy, marié en 1747, à Claudine de Morandin, fille de noble Noël, seigneur de la Mure, et de Marie-Anne de Jourda de Vaux. Jean-Noël de Beaud de Brive, leur fils fut anobli

---

(1) A. Jacotin, *Preuves de la maison de Polignac*, — comm. de M. A. Boudon-Lashermes, etc.

(2) Sergent-mitrailleur au 92ᵉ d'infanterie, et prisonnier de guerre en Allemagne (Dülmen, Soltau). Caporal-mitrailleur au 139ᵉ d'infanterie, il quitta Aurillac, aux premiers jours de la guerre et fut blessé à Cirey (14 août 1914) et à Rambervillers (4 sept. 1914).

(3) G. de Jourda de Vaux et A. Boudon-Lashermes, *Le Vieux Puy*.

en 1816. Il épousa en 1801, Mlle Boyer du Sugny (1) dont : 1º le comte *Jean-Noël-Albert*, châtelain de Bouzols (Hte-Loire), suivant acquisition, en 1808, marié à Mlle *Jourda de Vaux de Foletier*, morte s. p. 2º Ernest, qui suivra; 3º Léon-Noël-Félix (1805-1876), mariée en 1844, à Marie-Sydonie de Chaudesaigues de Tarrieux, dont : Mme Mandon-Ferrand et de Vissac. Ernest, comte de Brive (1804-1884), épousa en 1844, Marie-Claudine Bravard de la Boisserie, dont : 1º Albert, qui suivra; 2º Mme Arthur Dumas (dont Mme Gilbert de Pusy); 3º Henri, marié à Madeleine Férand, dont : Jean; 4º Mme Charles de Boudemange (dont Marie, Mme Monicat, et Henri). Le comte Albert (1847-1911) épousa en 1876, Mlle de Nolhac, dont : Mmes Guilhot de Lagarde et Coujard de Laplanche, et le comte Régis de Brive, marié en 1912, à Mlle Delachenal, dont une fille.

Note 4. — BENOIT (DE) (Languedoc) (2) Voy. page 16.

Du mariage contracté au xve siècle, par Pons de Benoît, de Béziers, avec Hirmessende d'Albert, (tante de Thomas d'Albert, bailli d'épée de Vivarais), descendraient les de Benoît établis à Avignon, en Vivarais, en Velay et en Valentinois. En 1486, nobles Etienne et Jean Benoît, habitaient Pierregrosse (par. de Rochesauve en Vivarais). Les de Benoît, actuellement en Vivarais, portent le nom de *Benoît d'Entrevaux* (famille à laquelle appartient l'auteur de l'*Armorial du Vivarais*, M. Florentin Benoît d'Entrevaux). En Velay, ont vécu : Jeanne de Benoît, mariée vers 1595, avec Etienne de la Roche, bourgeois du Monastier; Charlotte de Benoît de Jolivet, femme dès 1637, de Jean de Chambarlhac, seigneur de Costechaude; — Jacques « de Jollivet, seigneur de Bèthe et de Jolivet », écuyer, consul du Puy (1640), qui de Marie Spert de Volhac, eut : Jehan-Hugues, seigneur de Montbreuil, marié en 1670, à Marie-Catherine Brun de Lanthenas; Marianne, qui épousa en 1671 le baron Mathieu de Morgues de Saint-Germain, dont postérité.

Note 5. — BERNARD DE VERTAURE (Velay) (3). Voy. page 9.

Au IIIe degré de la branche dite *de Vertaure*, formée par cette maison (connue depuis N. Bernard, vivant dans la période 1454-1482, et ayant exercé l'office de notaire à Rosières), figure : *Pierre Bernard* (dit fils de Jean, et de Jeanne Valentin, suivant le marquis de la Tour du Villard), avocat en parlement et bailly de Vorey, ép. le 29 avr. 1670, noble *Marie-Flavie de Jourda de Vaux*, dont : 1º Jean, qui suivra : 2º François, tige du rameau de Veyrines, éteint en 1717. IV Jean Bernard, seigneur de Vertaure, conseiller du roi au présidial du Puy (21 déc. 1697), ép. le 29 nov. 1696, noble Marie-Anne du Besset de Bénac, et testa le 1er août 1716 : V Raymond Bernard, seigneur de Vertaure, conseiller du roi, juge-mage en la sénéchaussée du Puy, ép. le 26 mai 1731, Anne de Laval : VI Jean-François-Valérien Bernard, seigneur de Vertaure, ép. le 29 août 1761, Françoise-Gabrielle Porral de Saint-Vidal : VII Louis-Augustin Bernard de Vertaure, chevalier

---

(1) En 1378, vivait Thomas Boyer, Pierre Bonnet, son petit-fils, marié à Michelle Verchère, était notaire à Saint-Bonnet (Forez). André Boyer, fils d'autre Pierre, et de Jeanne Berthon, épousa en 1644, Catherine Chappuis de Villette, d'où : Raymond, marié en 1697, à Marie Chassain de Chabet, dont Noël de Montorcier de Sugny, marié le 8 déc. 1725, à Marianne Montaigne de Poncins, dont : 1er Mme Jean-Noël Beaud de Brive; 2º Jean-Pierre, marié en 1765, avec Mlle Montaigne de Jas, d'où : Jeanne-Pierrette-Marguerite, mariée en 1786, avec Charles-Adrien Meaudre, seigneur du marquisat de Pradines.

(2) Fl. Benoît d'Entrevaux, *loc. cit.* ; — Preuves pour Saint-Cyr; — etc.

(3) Comm. du M{l} de la Tour du Villard; — etc.

de Saint-Louis, ép. : 1° Jeanne-Marie Staron de Largentière; 2° en 1797, Françoise (dite Louise) de Sanhard de Sasselange, dont Mmes de Tassy de Montluc, Férapie de Laniel et Odde de la Tour du Villard.

Note 6. — BERTHIER DE GRANDRY ET DU VIVIER (Auxerrois). Voy. page 26.

Bien que les anciens titres de cette famille aient été détruits à l'époque des guerres de Religion, on sait cependant qu'en 1400, Philibert Berthier, qualifié noble, était gouverneur de Chastel-Censoir, et qu'il commandait 100 hommes d'armes. On compte parmi les alliances contractées par cette famille, les maisons : de Chenigny, de Boissenard, de Boutin, de Roulié, de Bridelière, etc., etc.

Le commandant Robert de Grandry, marié à Mlle Jourda de Vaux de Foletier, est l'arriere-petit-fils du général de Rigny, d'une famille illustrée par l'amiral comte Henri Gauthier de Rigny (1782-1835), commandant l'escadre française à Navarin, ministre de la marine, des affaires étrangères, et enfin ambassadeur à Naples.

Note 7. — BONNIN DE LA BONNINIÈRE DE BEAUMONT (Touraine). Voy. page 28.

Les Bonnin de la Bonninière de Beaumont, créés marquis par lettres de Louis XV (1757), marquis de la Chartre-sur-Loir, comtes et barons de l'Empire, pairs de France, etc., ont leur filiation suivie depuis Guillaume Bonin, écuyer, seigneur des Grands-Châteliers (1397). A eux ont appartenu : Hugues Bonin, chevalier croisé (1191); — Marc-Antoine de la Bonninière (1763-1830), comte de Beaumont, général de division, grand'croix de la Légion d'honneur, pair de France; — le marquis Théodore (1791-1865), lieutenant-colonel, pair de France ; — le comte Louis (1808-1887), pair de France; — le Cte Roger (1833-1888), colonel commandant une brigade en 1871 ; — le comte Louis-Robert (1833-1895), général de brigade ; — le vicomte Louis-Guillaume-Frédéric (1834-1900), ministre plénipotentiaire; — le comte Charles, né en 1768, colonel, commandant supérieur de l'Ecole militaire, député de l'Indre-et-Loire; — Gustave-Auguste de la Bonninière de Beaumont (1802-1860), successivement: député, ambassadeur de France et membre de l'Institut; — le comte Armand (1782-1859), successivement préfet de l'Aude, puis des Hautes-Alpes, des Deux-Sèvres, de l'Indre-et-Loire; député de la Dordogne, conseiller d'Etat; — le comte Olivier (1840-1906), vice-amiral, commandant en chef en Orient, préfet-maritime ; — le comte Octave (1832-1892), anc. officier aux Volontaires de Cathelineau, conseiller général du Maine-et-Loire; — Georges-Marie, aumônier militaire, décoré de la croix de guerre, évêque titulaire de Paphos, coadjuteur de l'évêque de la Réunion; — le comte René, d'Hennebont, engagé volontaire à 60 ans (Grande Guerre), décoré de la médaille militaire et de la croix de guerre.

Note 7 bis. — CHALENDAR DE (Vivarais). Voy. page 8.

Un arrêt de franc-fief, daté du 17 juillet 1389, mentionne Jacques de Chalendar. Sa femme était Jeanne de Chassiers. En 1474, Guigues de Chalendar s'allia à Pétronille Le Franc, dame de la Motte. Cette famille a donné deux généraux, dont un de division, grand officier de la Légion d'honneur.

I. *Joseph de Chalendar*, écuyer (1650-1690), ép. noble *Claire Jourda de Vaux*, dont : 1° Jean-

François qui suivra ; 2° Charles, écuyer, seigneur de Vabrettes, chevalier de Saint-Louis, marié à Marie Gibert, dont : Marie-Colombe, mariée le 23 août 1768, à Pierre de Sigaud de Lestang. II Jean-François, écuyer, seigneur du Chambonnet, fixé aux Crozes, ép. le 11 févr. 1714, Marie de Vernes, de la Villette, et testa le 31 déc. 1738 : III Claude-Joseph, écuyer, seigneur du Chambonnet et des Crozes, ép. le 24 nov. 1744, Jeanne Fourel ou Forel, de Satilieu (1), dame du Pont-de-Mars, dont : 1° Jean François-Mathieu qui suivra ; 2° Jean-Baptiste-Marguerit, écuyer, auteur de la branche de Lorraine ; 3° Jeanne-Marie, mariée en 1766, à Jean-André de Véron de la Borie, alors capitaine dans Auvergne ; 4° Jeanne-Françoise, mariée en 1777, à son cousin Henri de Clavel, seigneur de Veyrans et des Prés, fils de noble Henri, et de Marie-Anne Fourel.

Note 8. — CHARBONNEL (DE) (Vivarais) (2). Voy. page 27.

Cette race chevaleresque s'est éteinte avec Mgr Armand de Charbonnel (1802-1891) et sa sœur, la marquise de Longueil. Guy de Charbonnel se signala à la première croisade (d'où le *croissant*, accompagné de 3 molettes). Citons les alliances contractées, en ligne directe, par la branche aînée : Moret (1328) ; de Chavanieux (1354) ; de Taillefer (1418) ; de David (1452) ; Baile de Martinas (1501) ; Maurin, des seigneurs de Châteauneuf-du-Monastier en Velay (1559) ; de Roiran ou de Roiraud, des seigneurs du Chambon et du Villard en Velay (1589). Au IX° degré, figure Marcellin II de Charbonnel, seigneur du Verne et de Jussac, marié : 1° à Hélène Besset, fille de Léonard, seigneur de Villebœuf en Forez, et d'Anne Chodin (dont postérité éteinte dans les de Longueil) ; 2° le 2 déc. 1617, à Antoinette de Bronac, fille de noble Charles, baron d'Ulmet, et de Jeanne de Tournon du Verger, d'où : X *bis.* Léonard, chevalier, seigneur de Jussac, ép. en 1654, Marguerite Pometon : XI Gaspard, chevalier, seigneur de Jussac, ép. le 14 oct. 1687, Catherine Veron, fille de noble Jean et de Catherine Piquet : XII Henri-Joseph, chevalier, seigneur de Jussac, ép. en 1742, Catherine du Cluzel : XIII Benoît-Michel, comte de Charbonnel de Jussac (16 févr. 1745-17 mai 1793), chevalier de Saint-Louis, commandant de l'artillerie de la Légion de Mirabeau (armée des Princes), tué à l'ennemi, ayant épousé, le 11 janv. 1773, Marie-Étiennette de Charbonnel, fille de François, seigneur du Bets, et de Marie-Louise de Béget, dont : 1° le vicomte Joseph, émigré, rentré en France et fusillé comme royaliste ; 2°-4° : trois filles : 1° N., religieuse ; 2° Félicie, mariée en 1800, à Jean-Pierre de Chabron (d'où le général, le héros de Palestro) ; 3° *la vicomtesse Fidèle-François Jourda de Vaux de Foletier.*

Note 9. — CHAZAL DE MAURIAC (3). Voy. page 15.

Cette famille semblerait être originaire de Saint-Paulien (Haute-Loire). Quelques membres de sa branche dite *de Mauriac,* sont dénommés « *de Chazal de Mauriac, écuyers* ».

I Augustin Chazal (1594-1679), notaire royal, ép. Jeanne Laville : II Jean, juge de Saint-Paulien, ép. en 1678, Marie-Fleurie Galien d'Adiac : III Claude, ép. le 8 janv. 1704, Marie Pons : IV Barthélemy « de Chazal de Mauriac, écuyer » (1710-1780) ép. Anne Daurier : V Augustin, écuyer, chevalier de Saint-Louis, marié en 1775, à Françoise-Marie Durif de Grangeac : VI Lau-

(1) Mme Brioude, *loc. cit.,* 192, 193 ; etc.
(2) L. de la Roque, *loc. cit.* ; — etc.
(3) Comm. de cette famille ; — etc.

rent-Barthélemy, seigneur de Mauriac, notaire, ép. Marie Collangettes, dont : 1° Augustin, notaire, marié à Angéla Verny, dont : A) le commandant en retraite, officier de la Légion d'honneur, Charles Chazal, marié en 1876, à Mlle Duchesne, dont postérité ; B) Jules, receveur des postes, marié à Suzette Sistéron-Couston, d'où : *a*) Auguste, marié en 1879, à Marie Rosier, dont : *aa*), Jules, avocat au Puy, marié en 1903, à Mlle Ladevie, dont un fils : Jean ; C) *Isidore*, juge de paix à Blesle, marié à *Emilie Jourda de Vaux*, dont : *a*) Mme Gilloz ; *b*) Eugène, notaire, s. all. ; *c*) Mme Blancheton.

Note 10. — COLOMB OU DE COLOMB (Velay) (1). Voy. page 16.

Cette maison, originaire du Velay, comptait parmi les plus marquantes et les plus anciennes de cette province. Une transaction de l'an 1188 mentionne Giraud Colomb. En 1308, Jean Colomb était possessionné à la Celle (mandement de Beaujeu, en Velay).

La branche dite des *seigneurs et barons de la Tour-Beauzac* nous intéresse seule ici. Son auteur fut François de Colomb, écuyer, père d'autre François, dit le Balafré, qui joua un rôle considérable au cours des guerres de la fin du XVIe siècle en Velay. Gabriel de Colomb, son fils, seigneur de la Tour, juge royal de Velay (1605-1630), marié en 1608, à Françoise de Pandraud, fut père d'autre Gabriel, aussi juge royal de Velay (1630), qui s'allia la même année, à Françoise de Licques. Il en eut un fils : François, seigneur de la Tour-Daniel, etc., chevalier de l'Ordre du Roi (1657), juge royal de Velay, marié en 1649, à Marie de Sanhes, qui lui donna : François-Armand, baron de la Tour-Beauzac (1714), premier consul du Puy, qui de Françoise-Pauline de Vocance (mariage de 1684), fut père de Paul-François-Armand, baron de la Tour-Beauzac, allié en 1722, à Françoise de Cenat, dame de Mercuret, d'où : 1° Jean-François, qui continua la lignée (2) par suite de son mariage en 1764, avec Mlle de Borel d'Hauterive ; 2° Jean-Armand, chevalier de Saint-Louis ; 3° *Jeanne-Marie-Françoise*, marié le 28 oct. 1753, à *Jean-Paul Jourda, de Vaux du Vernet*, écuyer.

Note 11. — COURRÈGES D'AGNOS (DE) (Béarn). Voy. page 27.

En 1385, Mons de Courrèges était possesseur d'une ortaü, à Arrozès (vicomté de Béarn). Trois

(1) E. Salomon et Hil. Theillière, *loc. cit.*, etc.
(2) Par testament aux minutes de Me Dufresne, notaire à Allevard en date du 15 nov. 1912, le baron Cyprien-Félix-Gabriel de Colomb de la Tour de Beauzac a institué son cousin Charles Bayon, petit-fils de sa cousine Zoé de Colomb de la Tour de Beauzac, son héritier « à la charge et condition d'ajouter à son nom et à celui de ses descendants le nom de Colomb de la Tour et d'écarteler ses armes des siennes » (Pièce communiquée à l'auteur).

siècles après, trois branches de cette maison étaient établies à Arrozès, à Oloron et à Monein. De la première fut Guilhomet de Courrèges d'Arrozès, qualifié noble (1536), propriétaire également à Lube.

Cette famille a donné plusieurs députés au Parlement de Navarre, aux États de Béarn (pour les fiefs d'Agnos, de Bidos, de Maréa, de Gan, de Castet, etc.),

De son mariage en 1794, avec Hortense-Eimar de Palaminy, Joseph-Ignace de Courrèges laissa entre autres enfants : Louis-Ignace-Théodore (1806-1876), marié en 1855, à Amélie d'Andurin, d'où : Mme de Parage et Jean-André-Anatole. Celui-ci épousa en 1839, Louise Ducasse de Hogues, fille de Guillaume, et de Marie-Thérèse de Lemoyne-Tarride, dont : 1º le baron Louis-Ignace-Maxime (1844-1912), marié en 1876, à Agar Hue de Karpiquet de Bongy, dont Mme Joseph Besse ; 2º *Henri-Charles-Louis*, marié à *Marie-Céleste-Joséphine Jourda de Vaux de Foletier*, dont : Mathilde, Charles, Bernardette, Édith, Hubert, Claire, Roger et Paul.

Note 12. — DEBICKI (Petite Pologne) (1). Voyez page 20.

Cette noble maison polonaise a pris son nom de la seigneurie de Dembica ou Debica, située aux environs de Pilsen (ou mieux : Pilzno), ancienne ville sise sur la Wirlbka (Galicie). D'elle sont issus les Latoszynski. L'une de ses branches est titrée de comte suédois, dès 1589 (titre ratifié en Galicie, en 1789, et diplômé, le 25 déc. 1790).

Swianszek de Dembica vivait en 1372 ; — Swenstoslaw, titré comte (3 avr. 1589) était référendaire de la Couronne et député aux États de Suède.

La branche établie en France, dès 1832, remonte sa filiation à : I Noble N. Debicki, père de : 1º Joseph, qui suivra ; 2º N. mariée à N. Etterlein, dont une fille mariée au baron Florgan Gostkowski, maréchal départemental à Lustawiszki ; 3º Maxima, mariée à N. Korpaczewski, tenancier du domaine de Zogorre près de Kielce, dont un fils, Maximilien : II Noble Joseph Debicki ép. Anna Stronowska : III Noble Jérôme-Thomas-de-Villeneuve-Joseph Debicki (1797-1874), natif de Popow, anc. élève de l'École des Cadets de Praga, officier d'infanterie (armée polonaise), émigré en France (1832), où il épousa, le 3 juin 1844, Marie-Louise Lemoyne de Vernon, de Dunières (Haute-Loire), fille de Louis, et de Cécile Gailhard de la Roche, d'où : 1º Marie, épouse de Louis Fanget, d'Annonay ; 2º Emma, s. all. ; 3º Maxime, qui suivra ; 4º Isidore (1854-1900),

(1) Arch. de l'École des Cadets de Praga ; — Comm. de MM. Debicki et G. Courtin de Neufbourg.

industriel en tissus caoutchoutés, à Saint-Didier-la-Séauve, marié en 1885, à Marie Polly, morte s. p. IV *Maxime Debicki*, ingénieur civil des Mines, anc. engagé volontaire (guerre de 1870-1871), successivement : ingénieur principal des Houillères de Dombrowa, fabricant de produits chimiques à Hennebont (Morbihan); ép. le 16 mai 1881, *Marie de Jourda de Vaux*, fille aînée du vicomte Amédée, capitaine au 6e Lanciers, et d'Élisabeth Néron, d'où : 1° Joseph, ingénieur civil, né le 31 mai 1882, à Dombrowa (Pologne russe), lieutenant de réserve au 41e d'infanterie, fait prisonnier et interné en Allemagne, ayant épousé à Paris, le 4 mai 1909, Madeleine Carlier, dont : *a)* Emma ; *b)* Yves ; 2° Amédée, ingénieur civil, né le 14 juil. 1884, à Dombrowa, mobilisé en qualité d'ingénieur, aux Usines de Montbard, marié à Dinan, à Amélie Delmas, fille d'Auguste-François Delmas, conservateur des hypothèques à Dinan, et de Marie-Antoinette-Magdeleine Miquel, dont : *a)* Anne-Marie ; *b)* Marie-Louise ; 3° Gaston (9 mai 1887-16 sept. 1918), né à Annonay, lieutenant de réserve au 116e d'infanterie, blessé très gravement, le 20 sept. 1914, à Moulin-sous-Touvent (Oise), (1), cité à l'ordre de l'armée (19 oct. 1914), chevalier de la Légion d'honneur, décoré de la croix de guerre, avec palme, et marié à Annecy, le 8 mai 1917, à Marie Sautier, fille de Charles-Maurice Sautier et de Suzanne-Marie-Charlotte Despine, dont : Rita-Marie-Alphonsine, née le 26 juillet 1918), à Hauteville-sur-Fier (Haute-Savoie) ; 4° Emma, native d'Hennebont, mariée le 9 sept. 1918 à Roger Le Fur, commissaire de marine.

Note 13. — Duon (Forez) (2). Voy. pages 9, 10.

De cette famille furent : Antoine Duon, marié le 1er févr. 1678, à Claire Frotton, fille d'Isaac, et de Claudine de la Sablière ; — Jean Duon (fils de Gabriel, et de Jeanne de Chazelle), marié le 16 nov. 1637, à Anne de Bréas, fille de Jacques, et de Jeanne Carrier, d'où : Alexandre Duon, marié en 1664, à Anne Tardy de Pleney (fille de Claude, et de Catherine Bartholy), qui lui donna : 1° Pierre, chevalier, seigneur de Roche-la-Molière (Forez), dès le 12 déc. 1683, président des trésoriers de France, à Lyon, marié en 1688, à Madeleine Chappuis de la Faye (dont : 1° Madeleine, mariée en 1706, à Reymond de Flachat d'Apinac ; 2° Marie-Anne, femme, dès 1701, du marquis Louis du Faure de Satilieu) ; 2° Catherine, dame de Champes et de Paulat, mariée en premières noces, le 11 nov. 1686, à noble Marc de Saint-Germain, fils de Marc, et de Marie de Beaumont, d'où *Marie-Anne*, qui contracta alliance avec les Baraille, puis avec les *Jourda de Vaux* ; 3° Marie, femme de Jean Mazenod, conseiller au bailliage de Forez.

Note 13 bis. — Exbrayat de Créaux, de Rivaux (Haut-Vivarais). Voy. page 10.

La branche de Créaux du Rivaux a pour auteur : Jean Exbrayat de Créaux, marié vers 1560, à Anne de Testor, fille de Jean, bailli de la baronnie du Mezenc. Mathieu, leur fils, bailli du Mezenc, épousa, le 7 oct. 1596, Jeanne Bernard de Robiac, dont : Jean, juge de la baronnie de Fay, qui veuf de Jeanne Blanc de Molines du Cros, s'allia, le 22 janv. 1643, avec Sabine de Pastural de Beaux, dont : Claude, seigneur du Rivaux, marié vers 1685, à Anne-Marie de Veron, fille

---

(1) *Citation à l'ordre de l'armée* : « Belle attitude au feu pendant les combats de septembre 1914 : devenu commandant de compagnie après la blessure de son capitaine, le 7 novembre, l'a conduite avec courage et énergie jusqu'au 20 septembre 1914, jour où en le conduisant à l'attaque, a été atteint d'une blessure très grave » [balle près du cœur].

(2) De la Tour-Varan, *Chr. des Châteaux du Forez*, II ; — etc.

de Thomas, et de Blanche de la Franchière, dont : 1º Pierre, qui suivra; 2º Jean-Joseph, marié en 1722, à Marguerite de Fraix; 3º Marie-Anne, femme de Jean Arnaud de Pratneuf. *Pierre Exbrayat de Créaux*, seigneur du Rivaux, lieutenant-colonel dans Mortemart-infanterie, ép. le 15 janv. 1738, *Marie-Louise de Jourda de Vaux* (sœur du maréchal), dont : Charles-Joseph-Hubert, anc. aide-de-camp du maréchal de Vaux, marié le 13 juin 1780, avec Anne-Martine Brioude, dont postérité alliée aux : de la Tour de la Rochette, Yernau, Brénier, Jourjon, Mesny, Freydier, etc.

Cette famille est connue aujourd'hui sous le nom de « Durivaux ».

Note 14. — Giband (Velay). Voy. page 21.

De son mariage, le 28 juillet 1884, avec *Édith de Jourda de Vaux*, M. *Jacques Giband*, ingénieur civil des Mines (1), maire d'Hennebont, conseiller général du Morbihan, ancien directeur des Forges d'Hennebont, etc., sont nés : 1º Jacques, né le 18 mai 1884, à Dombrowa (Pologne russe), marié à Nantes, le 20 sept. 1909, avec Laure Antissier, fille d'Alexandre, ingénieur civil des Mines, et de Louise Martin de la Joncière, dont : *a)* Pierre, né le 31 mars 1911; *b)* Yvonne, née le 21 nov. 1910; *c)* Marcelle, née le 23 juin 1915; 2º Marie (1886-1910); 3º Noël, né le 10 févr. 1888, chimiste, licencié ès-sciences, marié à Rennes, le 17 août 1911, avec Marcelle Boucher; 4º Paul, né le 23 août 1893, quartier-maître fourrier aux fusiliers-marins, puis aux canonniers-marins; 5º Louis, né le 14 déc. 1896, pilote-aviateur, puis aspirant d'artillerie (1918!).

Note 15. — Gibert, Gibert de Chazotte (Velay) (2). Voyez page 7.

La ville de Montfaucon-en-Velay semble avoir été le berceau de cette famille, dont la filiation se trouve établie depuis : I Claude Gibert, qui mourut en 1562, laissant : 1º Jean, qui suivra; 2º peut-être, *Jeanne*, qui épousa *Giraud Jourda* : II Jean ou Louis (1580-1601) : III Claude,

---

(1) Promotion de 1867 de l'École Nationale des Mines de Saint-Étienne; ingénieur à Montrambert (1867-1873), à Campagnac; directeur du service de la voirie et d'architecture de la ville de Saint-Étienne; sous-directeur de la Hutta-Bankowa, etc.

(2) Comm. de MM. Charles de Chazotte, A. Boudon-Lashermes; — R. de Fraix de Figon, *loc. cit.*; — J. Villain, *La France moderne*, I; — Arnaud, *Hist. du Velay*, II; — Mme Brioude, *Recherches hist. sur une partie du Velay*, 181.

demeurant à Montfaucon, ép. Catherine Lardonne, et testa en févr. 1631 : IV Pierre, seigneur de Chazotte, premier consul de Montfaucon (1633), ép. le 18 juin 1633, N. Jacmon : V Vital, seigneur de Chazotte, ép. Marie de Sanhard de Canson, d'où : 1° Jean-Baptiste, qui suivra; 2° Françoise, mariée le 22 févr. 1665, à noble Pierre de la Roche de Férapie de Laniel, fils et héritier de noble Jacques, et de noble Marie du Grail. VI Jean-Baptiste Gibert (1675-1729), seigneur de Chazotte et de la Pervenchère, ép. le 14 févr. 1708, Marianne de Lagrevol : VII Vital Gibert de Chazotte (1719-1780), maire de Montfaucon (1751), ép. le 13 avr. 1747, Marguerite de Figon, fille de noble Louis : VIII Étienne-Louis-Melchior, écuyer (1757-1846), ép. le 23 sept. 1783, Catherine Regnault-Dugas : IX François-Marie-Louis-Camille (1793-1851), maire de Montfaucon (1839-1848) ép. vers 1820, Hectorine-Henriette de Robert du Garnier : X Louis-Charles-Maurice (1839-1872) ép. en juin 1862, Marie-Joséphine-Mathilde de Brunel de Moze, fille d'Antoine : XI Charles Gibert de Chazotte ép. en oct. 1899, Marie-Louise-Geneviève de Thézan-Lescot, dont : 1° Marie-Alphonsine-Fanny ; 2° Maxime-Marie-Thérèze-Geneviève.

Note 16. — Girard, Girard de Montméat (Velay) (1). Voy. page 6.

Cette famille, originaire de Crispinhac (par. de Solignac-sous-Roche), a possédé les fiefs de Granoul, du Mazel, du Rulhier (nom conservé par une branche établie au Puy), de Suc-Eyraud, de Galavel, etc. Avant 1368, Jean Girard, clerc, et Guillaume Girard habitaient Roche.

De son mariage avec *Anne Jourda*, noble *Hilaire Girard de Montméat* (1735-an IV), juge de paix à Bas, fut père de : 1° Anne, mariée le 24 juil. 1792, à Jean-Mathieu Joubert, de Monistrol; 2° Marie, femme de Pierre Payet ; 3° Claire-Marguerite (1766) ; 4° Marie-Anne, mariée à Jean Gueyffier, du Puy ; 5° Madeleine, femme de Jacques Girard, fils de Claude, et de Claudine Allouès de la Fayette ; 6° Hilaire (1769) ; 7° Antoinette (1773) ; 8° Antoine (1774-1821) ; 8° Françoise-Claudine (1779).

(1) G. de Jourda de Vaux et A. Boudon-Lashermes, *Le Vieux-Puy* ; — E. Salomon et Hil. Theillère-Bessard, *loc. cit.*, 134.

Note 17. — Goyon (de) ou de Gouyon (Bretagne) (1). Voy. page 19.

Cette race chevaleresque, connue en Bretagne dès l'an 1075, et qui a donné la maison souveraine de Monaco, ainsi que deux maréchaux de France, a formé plusieurs branches. De celle des seigneurs de Vaumeloysel était la *comtesse de Vaux*, notre arrière-grand'mère. Son frère, Auguste François-Charles-René de Goyon, intendant militaire, continua la noble lignée (à laquelle devait appartenir, nous le présumons, le comte de Goyon qui, de son mariage avec Mlle de Raigecourt, laissa la comtesse de Séguié et Ariane de Goyon). Le comte de Gouyon, député royaliste du Morbihan, est de cette antique et illustre maison.

Note 18. — Gravier de Vergennes (Bourgogne) (2). Voir page 25.

Vers 1650, Philibert Gravier, seigneur de Laye en Bourgogne, et fils de Théophile, et de Marie de Saumaise, épousait Rose Perrault, dame de Vergennes.

L'une des grandes illustrations de cette maison est le comte Charles de Vergennes (1719-1787), successivement ambassadeur à Constantinople, en Suède ; ministre des Affaires étrangères, chef du Conseil royal des Finances, etc., etc. Jean Gravier, Mis de Vergennes, son frère aîné, ambassadeur en Suisse, laisse de Jeanne-Claude Chevignard de Chavigny, un fils : Jean-Charles, maréchal-de-camp, marié en 1782, à Jeanne-Sophie Pierre (des seigneurs de Passy). Le marquis Alexandre-Anne-Jean (1784-1854), né de ce mariage, étant veuf de Mlle de Saint-Jullien, épousa, le 1er mai 1810, Mlle Quatrefols de la Mothe de Cheney (dont la mère était née Angot), dont : 1° Ernest-Jean-Charles, marié en 1838, à Mlle de Barbançois-Sarzay, dont postérité ; 2° Edmond-Jean-Guillaume, marié en 1840, à Mlle de Gramont-d'Aster ; 3° Edouard-Jean-Constantin, marié en 1860, à Mlle Geoffret ; 4° Léopold-Jean-Auguste, marié en 1845, à Mlle Burre de la Prémurée ; 5° *la vicomtesse Jourda de Vaux de Foletier*.

Note 19. — Jerphanion (de). (Velay). Voy. page 24.

Cette famille est originaire de la région de Saint-Maurice-de-Lignon. Cinq de ses membres se sont succédé dans l'office de syndic de Velay. En 1842, mourait Mgr de Jerphanion, archevêque d'Albi, l'une des gloires de l'Episcopat français.

Au VIe degré, figure Gabriel-Joseph, baron de Jerphanion (1758-1832), préfet de la Lozère, puis de la Haute-Marne, baron de l'Empire, marié p. c. 18 avr. 1795, à Mlle Girard de Lachan, fille de Benoît, et d'Anna de Meyzieu, dont : 1° Jean-Joseph-Marie-Eugène (1786-1842), comte romain, archevêque d'Albi ; 2° : VII André-Marie-Jules (1807-1894), ép. le 19 mai 1834, Gabrielle-Louise Cholier de Cibeins, fille de Jean-Hector-Antoine, et de Françoise-Gabrielle de Savaron, dont : 1° Gabriel qui suivra ; 2° Jean-Victor, marié en 1874, à Marie-Pauline de Barbeyrac-Saint-Maurice ; 3° Louis-Marie-Franck, marié le 8 sept. 1873, à Claire de Lyie-Tyclane, dont : A) Gabriel (1874-1914), capitaine au 58e d'infanterie, tué à l'ennemi, et qui ayant épousé Anne-Marie d'Allamet de Bournet, s'allia en 1904, à sa belle-sœur Germaine, sœur de la précédente, dont postérité ; B) Guillaume, aumônier m^{re} ; C) Jean, officier, marié en 1909, à Marie Dechamp, et blessé devant Leintrey ; D) Georges-Marie-Henri, lieutenant de vaisseau ; E) Emmanuel-Marie-

---

(1) La Chesnaye-Desbois, *loc. cit.*, etc.
(2) Pol Potier de Courcy, *loc. cit.*, etc.

Henri, lieutenant d'artillerie, décoré de la croix de guerre, marié en 1913, à Alice-Elisabeth Durand, dont postérité ; F-H) Louise-Marie-Elisabeth ; 4° Louis-Marie-Henri mort de blessures reçues à Wœrth (1870) ; 5° Ludovic, marié en 1860, au comte Emmanuel de Rivérieulx de Varax ; 6° Emilie, mariée en 1860, à Anatole de Lavernette-Saint-Maurice ; 7° Marie-Sophie. VIII Gabriel-Marie-Alban, baron de Jerphanion (1835-1870), ép. le 15 févr. 1859, Gabrielle de Sanhard de Sasselange, fille du marquis Antoine, et d'Adèle Bertrand de Rivière, dont : 1° Gabriel-Adolphe ; Marie-Jean, baron de Jerphanion, marié le 28 juin 1898, à Marthe-Françoise-Marie de Veyre de Soras) dont : Alban, Marie-Gabrielle, Antoine, Régis, Françoise, Alfred, Jacques, Louise, Adèle (1) ; 2° Mme Charles Seguin de Broin ; 3° Mme Louis Falcon de Longevialle ; 4° Ernestine-Marie-Albanne.

Note 20. — LAC (DU) DU LAC DE FUGÈRES (Velay) (2). Voy. page 8.

L'illustration de cette famille, connue au Puy, dès le XIIIe siècle, est le R. P. du Lac, de la Compagnie de Jésus.

I. Pierre du Lac, bourgeois du Puy et consul (1432-1448) : II Jean (1451-1491) : III François (1493-1518) ép. Marguerite Montanhac : IV Louis, seigneur de Gratuze et de la Romigère (1514) : V François, fils et successeur du précédent, et consul du Puy (1530), ép. Anne Guitard de Saint-Privat : VI Jacques, seigneur de Gratuze, Fugères (suivant acquisition du 7 avril 1680), la Romigère, 1er consul du Puy (1581) ; accusé d'avoir tenté de livrer cette ville aux Royalistes, il fut pendu et ses biens furent confisqués (22 oct. 1594). Henri IV, victorieux, réhabilita sa mémoire. Il avait épousé le 7 avr. 1568, Clauda Rosier, fille de Pierre, et de Béatrix Raffier : VII. Louis, écuyer, seigneur de Gratuze, né en 1584, ép. Françoise des Sauvages, VII ^{bis} Vital, avocat, né en 1587, et frère du précédent, ép. le 31 janvier 1618, Anne Irail : VIII Louis, bourgeois du Puy, ép. Marguerite Triollenc (3), fille de Claude : IX *Louis*, écuyer, ép. le 7 juin 1701, *Claire de Jourda de Vaux*, fille de noble Jean et de Claire de Pastural de Beaux : X Noë ou Noël, écuyer, ép. en 1723, Antoinette de Laval, fille de Jean, vicomte de Beaufort et baron d'Arlempdes : XI Jean-Louis, écuyer (1735-1813), chevalier de Saint-Louis (1766), ép. le 30 oct. 1768, Elisabeth de Charbonnel, fille de noble François, seigneur du Bets, dont : 1° Louis-Régis-Frédéric, qui suivra ; 2° Adrien-Charles-Marie, tige de la branche B. XII Louis-Régis-Frédéric du Lac de Fugères (1781-1859), ép. Marie-Lucie Joussouy, dont : 1° Charles-Victor-Frédéric, qui suivra ; 2° Albert, auteur d'une branche : XIII Charles-Victor-Frédéric, ép. Emilie de Lagrevol (1808-1886), dame de Villedemont près Grazac (Haute-Loire), fille de Jean-Victor, et de Victorine Garde : XIV Pierre-Augustin (5 nov. 1838-14 août 1915), ép. le 15 juin 1868, Ephège de Vissaguet, fille de Jules-Paul, et de Marie Chevalier-Lemore-la-Faye, dont : 1° Victor qui suivra : 2° Paul, né le 6 mars 1871, marié le 16 avr. 1895, à Marie Liogier, sa belle-sœur, née le 15 févr.

(1) Comm. du baron H. de Jerphanion ; etc.
(2) *Le Vieux-Puy.*
(3) De cette maison, fut Jacques Triollenc, qui veuf de N. de la Roue (fille de noble Bertrand, seigneur de « La Roue-près-Velay » et de la Terrasse), épousa Antoinette du Rosier. Du 1er lit, naquirent six enfants, qui furent les héritiers d'Antoine de la Roue, 2e fils de noble Guillaume, et de Gabrielle de Chauvigny : 1° Isabeau, dite veuve de Pierre d'Allard-Vendôme, en 1627 ; 2° Madeleine : 3° Marguerite ; 4° Mathieu, conseiller au Sénéchal ; 5° Jean, chanoine du Puy ; 6° Pierre, seigneur de la Terrasse, et qui de Marguerite Viannès, eut un fils : Jacques, capitaine, mage du Puy, marié à Catherine Blanc de Villeneuve ; et deux filles : *Marguerite*, femme de noble *Louis du Lac* ; Anne-Marie, qui épousa Jacques Lamye, consul du Puy (*Revue du Vivarais*).

1875, dont : a) Emmanuel, né le 24 févr. 1896, pilote-aviateur, décoré de la croix de guerre (1) ; b) Marguerite ; 3° Léontine, mariée le 13 avr. 1898, au comte Joseph de Goys de Mezeyrac, fils du comte Régis, et de Marie de Trémeuge de la Roussière, dont postérité. XV Victor du Lac de Fugères, né le 17 av. 1870, marié le même jour que son frère Paul, avec sa belle-sœur, Lucile Liogier-Lassaigne, dont : 1° Auguste, né en 1896 ; 2° Henri, brigadier au 3° d'artillerie, né en 1898 ; 3° Guy, né en 1899 ; 4° Roger ; 5° Georges.

Branche B. XII bis. Adrien-Charles-Marie du Lac de Fugères (1787-1859) ép. Charlotte-Reine de Cryel, dont : 1° Charles, qui suivra ; 2° Alfred-Antoine (1823-1893), marié en 1853, à Antonine Desmousseaux, dont a) Jeanne, mariée en 1880, à Léon Le Carbonnier de la Morsanglière ; b) Raymond, marié en 1896, à Jeanne Van den Hecke, dont postérité. XIII Charles 1822-1896 ép. en 1859, Claire Debière, dont Marie et Louise, non mariées.

Note 21. — LA MURE (DE) (Forez)(2). Voy. page 25.

On présume que le chanoine de la Mure, le savant historien du Lyonnais et du Forez, était de cette maison. Au VII° degré *bis* de la branche dite des *Seigneurs de Rilly*, formée par cette famille, figure : noble Jehan de la Mure (2° fils d'autre Jehan, et de Marie Verdier), seigneur de Rilly (dès 1574), avocat au bailliage de Forez, marié p. c. du 4 février 1589, à Jeanne Presle : VIII. Durand, chevalier (1721-1789), qui veuf de Louise-Françoise Dujast, épousa en 1776, Reine-Pierrette-Eléonore de Constant (3), d'où : 1° Madeleine-Reine (1777) ; 2° *la vicomtesse Jean-Joseph-Xavier Jourda de Vaux de Foletier*, baptisée le 14 mars 1779.

Note 22. — LIMAIRAC (DE) (Rouergue)(4). Voy. p. 26.

La généalogie de cette famille peut s'établir depuis : I Jean de Limairac, consul à la Bourse, à

---

(1) *Citation à l'ordre de l'aéronautique de l'armée* : « Du Lac Emmanuel, sergent-pilote à l'escadrille N. 62. « Excellent pilote, toujours volontaire pour les missions les plus difficiles. A accompli de nombreuses reconnaissances à longue portée et des reconnaissances à très faible altitude par de très mauvais temps. »

« *Le Chef d'Etat-Major de la 6° armée*, Signé : DUVAL. »

(2) H. de Jouvencel, *L'Assemblée de la Noblesse du bailliage de Forez en 1789*.

(3) Dans la période 1697-1698, noble Antoine de Constant, marié à Anne Mollien, de Calais, fut échevin de Lyon. Jean-Baptiste, son fils, conseiller et procureur du Roi au bureau des Finances de la Généralité de Lyon (1712), continua la lignée, en épousant en 1719, Renée du Soleil, d'où Pierre, chevalier, marié en 1752, à M¹¹⁰ de Béhayne, d'où entre autres enfants : M™⁰ Durand de la Mure.

(4) Comm. de M™⁰ de Limairac ; — Fl. Benoît d'Entrevaux, *loc. cit.*

Toulouse : II noble Bernard ép. en 1762, Henrie de la Loye-Saint-Brisson : III Noble Charles-Antoine-Gabriel (1770-1817); député de la Haute-Garonne (1815); préfet du Tarn-et-Garonne (1822), de Vaucluse (1827), officier de la Légion d'honneur, ép. en 1803, Anne-Julie de Baudon de Mony, dont : 1° Edouard (1804-1860), marié en 1832, à Charlotte d'Astrié ; 2° Jules, qui suivra; 3°-4° Mmes Prosper de la Gorce et Maxime de Grandpré. IV Jules sénateur du Tarn-et-Garonne, ép. Elisabeth de Thonel d'Orgeix, dont : 1° Casimir, qui suivra; 2° Alfred, marié à Alix de Felgères ; 3° Charles, marié à Mathilde de Lamouzier. V Casimir (1842-1907) anc. capitaine aux Zouaves pontificaux, ép. le 16 juillet 1877, Jeanne de Richard de Beaumefort, dame de Soulages, fille du baron Georges-Louis, et de Marguerite-Adèle de Romeuf, dont : 1° *Pierre*, né en 1879, officier de marine, marié à *Suzanne Jourda de Vaux de Foletier*; 2° Joseph, marié en 1912, à Marie de Fesquet, dont : Hubert (1913), Marguerite et Elisabeth.

Note 23. — MOLIN (DU) ou DU MOULIN (Vivarais) (1). Voy. pages 5 et 6.

A son nom patronymique, cette maison a joint celui de « du Pont » (du Pont-de-Mars, près Saint-Agrève). Une branche a encore ajouté celui de « de Ligonnès (Bas-Vivarais). La branche aînée s'est éteinte dans les du Roure de Briziaux.

I Noble Pierre du Molin, seigneur du Pont-de-Mars, ép. en 1507, Anne Vialatte : II Guyot, écuyer, ép. en 1580, Isabeau de Pouzols, d'où : 1° Antoine, tige de la branche dite des seigneurs de Ligonnès (2); 2° III Charles, écuyer, ép. Claudine de Chalendar : IV Charles-Alexandre, écuyer, ép. Catherine de Sénécroze, d'où : 1° Suzanne, femme de Charles de Romanet, baron de Beaudiner et des Etats du Velay, puis de Charles de la Rochenégly ; 2° (nous le présumons), *Marguerite*, femme d'*Antoine Jourda*; 3° Alexandre, marié le 3 juin 1630, à Claire Bonnet du Fraÿsse (dont postérité qui se continua avec les : N. Giraud, Jullien de Ronchot 1673, Delolme Laval (1760), Gerenton (1788), d'où : Joseph-Alexandre (1790-1859), médecin, marié le 16 déc. 1843, avec Joséphine Rocher des Champs, d'où : Mmes de Lermuzières, Montagne et Delair (3).

Note 24. — MORÉ DE PONTGIBAUD (DE) (Gévaudan) (4). Voy. page 12.

Dans la période 1352-1355, vivait Othon de Moré, damoiseau. Guillaume Moré, chevalier, son petit-fils, épousa en 1413, Anglésie de Céneret, dont postérité alliée (en ligne directe) aux : de Montferrand (1445), de Garseval, de Malhian (1510), de la Tour (1548), d'Apchier de Tiberon (1584), de Gachon (1606), de Connorton (1658), d'Aldin de Belvezet (1693). De ce mariage vint : César de Moré, établi à Pontgibaud (Auvergne), marié le 8 mars 1751, à Julie d'Irumbery de

---

(1) G. de Burdin, *loc. cit.*, etc.

(2) Représentés par Mgr du Pont de Ligonnès, évêque de Rodez. Le 17 janv. 1918, il m'écrivait : « Je suis très « honoré d'être compté au nombre de vos parents, il y a d'ailleurs bien longtemps que j'ai eu l'occasion de con- « naître nos anciennes relations de famille. »

(3) Décédée en 1902, elle a laissé de son mariage contracté en 1842, avec Charles Delair, conseiller à la cour de Riom, une fille : Blanche, *dame du Fraÿsse*, et mariée en 1881, avec Pierre Guibert (famille à laquelle semble bien se rattacher Mgr Guibert, cardinal-archevêque de Paris), dont : Paul, né en 1883.

(4) G. de Burdin, *loc. cit.*, etc.

Salaberry (1), fille de Charles, et de Marguerite Ogier, d'où : 1° Albert-François, marié à Victoire Picquet de Champluis dont postérité alliée aux de la Rochelambert, de Cassagne de Beaufort de Miramon-Fargues et de Carayon-la-Tour. *Charles-Albert*, dit le chevalier de Pontgibaud, capitaine-major de dragons, décoré de Saint-Louis et de Cincinnatus, marié en 1784, à *Adèle-Marie-Louise de Jourda de Vaux*, fille du maréchal, et qui ne lui donna pas d'enfants.

Note 25. — MOREL DE LA COLOMBE (DE), DE MOREL DE LA COLOMBE, MARQUIS D'APCHIER DE LACHAPELLE (Auvergne). Voy. pages 14, 21.

Cette race chevaleresque est représentée de nos jours par deux branches : 1° celle dite *de Lachapelle*; 2° celle dite *de la Volpilière*.

La descendance de Lambert Moret, damoiseau (1308), contracta alliance en ligne directe avec les N. (maîtres du Puyferrat); de Vichy ; du Cluzel; de Vertolaye; de Fretat (1473); de Planchamp (1622); de Monzie, des seigneurs d'Artites (1584); de Pélacot (1622); de Fraix, des seigneurs d'Espalhon (1653); de Polaillon (1721), de Chabanacy (1745). De cette alliance naquit Jean-Pierre-Ange, chevalier, seigneur de Chadernac, anc. page de la Petite Ecurie du Roi (1764), capitaine de dragons, marié le 18 sept. 1781, à Louise-Gabrielle Daurier, dont Georges-Frédéric Hubert, chevalier, marié en 1814, à Jeanne-Marie-Antoinette Courbon de Montviol (2), fille de Christophe, et de Marguerite Boyer du Montcel-Batailloux. Leur fils, *Antoine-François*, châtelain de Chadernac, épousa en 1860, *Marie de Jourda de Vaux*, et mourut s. p., ayant testé en faveur de sa femme (1872).

Branche de Lachapelle, marquis et comtes d'Apchier (3). Branche formée par Pierre de Morel de la Colombe, écuyer, marié le 24 juil. 1588, avec Françoise de Fraisse de Montfort, dame de Lachapelle-sur-Usson (Auvergne). Leur postérité s'allia, en ligne directe, avec les : d'Ouvrelœil de la Barbatte (1613), de Fretat (1653), Aubert de

(1) Pierre d'Irumberry, seigneur dudit lieu et de Salaberry, épousa en 1467, Léonore de San-Per, dont postérité qui contracta alliance avec les maisons de Larramendi (1501), de Luxaga (1525), de Saint-Martin, d'Apchat, d'Etchepare (1614), d'Eremont de Lostal (1641), de Sainte-Marie (1667), Dartagniette-d'Iron (1716), de Saint-Genes (1757), etc. Cette famille se trouve encore représentée.

(2) De la même famille que les Courbon de Saint-Genest, Courbon-la-Faye, etc., en Forez, André Courbon (fils d'autre André, et de Clauda Tardy), mort en 1597, laissa de Marie Courbon : Barthélemy marié à Jeanne Dedolmes, dont : Jean, marié en 1678, à Marguerite Bernou, qui lui donna : Jean-Louis, marié en 1712, à Agathe Bérardier, d'où : Jean-François qui, de son mariage en 1756, avec Marie Chambeyron, fut père de Nicolas, marié le 5 sept. 1780, avec Antoinette Ravel de Montagny, dont il n'eut que des filles (Comm. de M. Emile Salomon).

(3) Cette branche écartèle actuellement des armes des d'Apchier : *d'or, au château de gueules, ajouré et maçonné de sable, à trois tours crénelées, celle du milieu plus élevée et accompagnée de deux haches d'armes d'azur, mises en pal*.

Perpasset (1) 1699). Ce fut de cette dernière alliance que naquit : *Jean-Baptiste*, marié en 1739 avec *Marie-Françoise de Jourda de Vaux*, dont les descendants, en ligne directe, contractèrent alliance ; avec les : de Charpin-Genestines (1773) ; de Chardon des Roys (1800) ; d'Apchier (1825) ; Teyras de Grandval (1864). De cette dernière alliance, naquirent : 1° Henri, marquis d'Apchier de Lachapelle, ingénieur civil, marié le 11 févr. 1896, à Marie Boussard d'Hauteroche, dont : Jean, Roger, Henri et Madeleine : 2° le comte Raoul, décoré de la croix de guerre, marié le 19 mars 1905, à Mlle Grellet de la Deyte, dont : Pierre (2), né le 30 mars 1905.

Note 26. — ODDE DE LA TOUR DU VILLARD (Dauphiné) (3). Voy. page 27.

Cette maison est connue dès le XIe siècle, dans le pays de Trièves (*La Vallée Chavalameuse*, en Dauphiné). La principale de ses branches, celle des seigneurs de Viriville, est devenue celle de Triors (1480), puis de la Tour du Villard (1650). Pons Odde est cité dans la période 1095-1105. En 1393, N. Odde était seigneur de Villars et en partie de la baronnie des Beaux. Il avait épousé Anne de Beaufort-Canillac, nièce de Clément VI.

Jean Odde, chevalier (fils d'Humbert, seigneur de Triors, et petit-fils de Geoffroy, seigneur de Viriville), mourut en 1515, laissant postérité, de son mariage avec Charlotte d'Auberjon. Ses descendants s'allièrent (en ligne directe) avec les : de la Salle ; de Poinsac (1588) ; de Fabourelle (1615), de la Garde-Chambonas (1650), Deschamps (1680) ; Rajon du Prat (1707), de Laval d'Arlempdes (1757) ; de Torrilhon de Vacherolles (1786), dont : 1° Jacques-François-Marcel (1789-1860), bibliophile et botaniste, juge au Tribunal civil du Puy (1816-1856), marié en 1817, à Henriette de Fugy de la Planche dont *a)* Jules-Albert, mort s. p. (1894) ; *b)* Jeanne-Marie-Claire (1849-1904), mariée au vicomte *Régis-Jourda de Vaux de Foletier*; *c)* Berthe-Odonie-Marie, qui ép. en août 1857, Henri de Surrel de Saint-Julien ; 2° Noël-Raymond-Marie, qui suivra ; 3° Ennemond, capitaine de cavalerie, mort en 1859. XIII Noël-Raymond-Marie-Jules, conservateur des hypothèques au Puy, ép. le 5 mai 1830, Françoise-Delphine Bernard de Vertaure, dont : 1° Jean-Louis, qui suivra ; 2° Marie-Auguste, marié en 1865, à Olympe du Peloux de Praron, d'où : *a)* Auguste, marié à Jeanne de Surrel de Saint-Julien ; *b)* Jeanne ; *c)* Jules. XIV le marquis Jean-Louis, président du Tribunal civil de Tarascon, ép. le 26 déc. 1860, Mlle de Mathié de Valfons, d'où : 1° le marquis Raymond ; 2° Blanche-Marie-Françoise, mariée le 28 déc. 1896, à Ludovic de Villèle, directeur de la Société Générale à Paris, chevalier de la Légion d'honneur, décoré de nombreux ordres étrangers.

Note 27. — PASTURAL (DE), DE PATURAL, DE BEAUX (Velay). Voy. page 8.

Cette famille, éteinte en 1769 dans les de la Roche (d'où les de la Roche-Vaunac, éteints eux-mêmes dans les Delacour), était originaire de la paroisse de Retournac. En 1430 et 1451, les de

---

(1) Les armes des Aubert s'énoncent : *d'or, au sautoir d'azur* ; *écartelé d'argent, au rencontre de bœuf de gueules.* (Pl. II, fig. 20 ; *Supplément*). Antoine Aubert, seigneur de Perpasset, premier consul d'Issoire (1643), ép. Marie Périer (des seigneurs de Bien-Assis, alliés aux Pascal), dont : Pierre, marié en 1666 à Jeanne de Cohade d'Augerolles, dont Marie, femme de Jean de Morel de la Colombe.

(2) Inscrit dans son acte de naissance, sous le nom *d'Apchier de Lachapelle.*

(3) L. de la Roque, *loc. cit.*; etc.; — Comm. de cette famille ; — etc.

Lévis, seigneurs de Roche, recevaient les hommages de quelques-uns de leurs membres, dits de Pasturel.

I Jean de Beaux, écuyer, seigneur de Beaux (1460) : II Raphaël Ier, écuyer, seigneur de Boislong, ép. le 4 juin 1540, noble Claude Pascal (des seigneurs du Pertuis en Velay) : III Jean II, écuyer, seigneur de Beaux, ép. le 19 janv. 1578, Jeanne de Pouzols : IV Balthazar Ier, écuyer, ép. le 14 mai 1606, Jeanne de Fayet, dite de Vergezac, fille d'Antoine, dont : 1º Pierre, marié en 1642, à Claire de Montrond, d'où postérité ; 2º Claude, seigneur de Chaluans, marié en 1637, à Blanche Giraud, dont postérité ; 3º Balthazar, seigneur de Laval ; 4º *Claire*, mariée en 1637, à *Jean Jourda de Vaux*, écuyer ; 5º Sabine, mariée en 1643, à Jean Exbrayat de Créaux, écuyer ; 6º Clauda, mariée en 1647, à Jean Doutre d'Amavis, fils de Vital, et d'Anne Ribeyrin.

Note 28. — Pinhac (de) ou de Pignac, de Pinha (Velay) (1). Voy. page 9.

Cette maison a été maintenue le 30 août 1669, sur preuves remontant à 1539. A cette dernière date, Guillaume de Pinha, seigneur des Fours, était convoqué au ban et arrière-ban de la Sénéchaussée du Puy. Il avait épousé en 1512, Anne Chapelle, dont : 1º Jean, qui continua la lignée, qui s'éteignit au XVIIIe siècle, dans les Merle de la Gorce et les de Bronac de Mabille ; 2º Vital,

écuyer, père de : A) Charles, écuyer, seigneur de la Borie, marié à Sébastienne Le More, dont a) Charles, qui suivra ; b) Marcellin, chanoine de Monistrol (1665) ; c) François-Dominique, chevalier, seigneur de Molineaux, marié en 1680, à Catherine Dupin de Montméat, fille de Jean, dont : M. Mes de Pujol, Le Blanc de Reveyrolles, de Vinols et du Port.

Charles de Pinhac, écuyer, seigneur de la Borie, étant veuf de Claire Charrier (dont *Claire*, femme de noble *Noël Jourda de Vaux*), épousa à Saint-Pal, le 10 février 1657, Marguerite Ponceton, fille de Jean, et de Catherine de Marnas [Faure de Marnas ?]

Note 29. — Plantade ou de Plantade (Languedoc) (2).
Voyez page 21.

Cette famille originaire de la ville de Montpellier, où elle compte encore parmi les plus marquantes, a donné dans plusieurs de ses générations des présidents à la Cour des Comptes de cette ville, des compositeurs (dont quelques-uns furent directeurs du Conservatoire de musique) et le dernier colonel du beau régiment d'Auvergne. Tandis que la branche aînée se continuait à Montpellier, d'autres branches s'en détachèrent à la fin du XVIe siècle, et vinrent s'établir à Mou-

(1) L. de la Roque, *loc. cit.*; — etc.
(2) La Chesnaye-Desbois, *loc. cit.*; — L. de la Roque, *loc. cit.*, etc.

lins et à Issoire. C'est de cette dernière ville, dont était M. Calixte-Théophile Plantade, marié à Marie de Morgues de Saint-Germain. A Issoire, nous trouvons : I François-Plantade, notaire royal (1700-1728), qui prit la succession de l'étude de son beau-père, N. Compte : II Antoine, notaire royal : III François, avocat, marié à Anne Levet du Montat ; IV Antoine, notaire royal, marié à Marie Romeuf (famille possessionnée à Saint-Germain-Lembron et encore représentée à Paris) ; V Calixte-Théophile (1807-1883), anc. notaire à Issoire, anc. lieutenant de louveterie, anc. maire de Saint-Germain-Laprade, propriétaire et châtelain de la Chabanne, marié : 1° en 1834, à sa cousine Céline Levet du Montat, morte s. p. ; 2° le 27 déc. 1868, à Marie de Morgues de Saint-Germain (1), dont : 1° Joseph, né le 7 oct. 1869, marié au Puy, le 4 mars 1893, à Blanche Rocher, fille de Charles, avocat, et de Joséphine Sanhard, dont : a) Charles, né le 1ᵉʳ sept. 1895, brigadier au 12ᵉ dragons, blessé près de la Ferté-Milon (2 juin 1918) décoré de la Croix de guerre ; b) Henri, né le 10 sept. 1896 ; c) Nadia, née le 1ᵉʳ févr. 1898 ; 2° *Pauline*, vicomtesse *Gaston de Jourda de Vaux* (19 mars 1890).

Note 30. — RICHARD DE RIBAINS (« RICHARD-RIBAINS ») (Vivarais) (2). Voy. page 21.

I Louis Richard, marchand du Pont-d'Aubenas, ép. Louise Blanc : II Pierre, marchand de soie, du Pont-d'Aubenas, ép. le 27 août 1695 Marie Brun (remariée, elle testa le 30 mars 1750), fille d'Antoine, et de N., de Joyeu ·: III Pierre, marchand, ép. le 5 nov. 1738, Marguerite Veau de la Nouvelle, fille de Jean, seigneur de la Nouvelle, et d'Anna de Beauvoir ; et testa le 7 févr. 1777 : IV Pierre-Joseph, avocat en parlement, bapt. le 19 août 1744, ép. le 18 oct. 1764, Marie-Élisabeth Sabatier de Lachadenède, fille de feu noble Paul-Joseph, et de Thérèse de Pestre : V Pierre-Charles-César, bapt. le 16 juill. 1775, juge de paix de Joyeuse, ép. le 16 pluv. an VII, Marie-Louise d'Autun, fille de noble Jean-François-David, d'où : 1° Adrien, qui suivra ; 2° Alphonse, commis-greffier du tribunal civil de Largentière : VII Adrien Richard, industriel (en soierie) ép. en 1837, Irma de Frévol d'Aubignac de Ribains ; d'où *Antonin* Richard-Ribains (décret présidentiel du 30 janv. 1888), né le 1ᵉʳ janv. 1839, à Ucel, décédé en 1897, capitaine de cavalerie en retraite, chevalier de la Légion d'honneur (1886), marié à *Marie de Jourda de Vaux*, fille du comte Charles, et de Louise de la Rousselière-Clouard.

Note 31. RIVÉRIEULX DE VARAX (DE) (Bourbonnais). Voy page 22).

Neuf degrés de la généalogie de cette maison ont été établis. Au premier figure Benoît Rivérieulx qui vivait à Jaligny, en Bourbonnais, à la fin du XVIᵉ siècle. Il avait épousé Nicole Béraud. Ses descendants contractèrent alliances, en ligne directe, avec les : Berton (1653) ; Roland de la

---

(2) Fille d'une demoiselle de Rochemure (illustre maison dauphinoise, qui a possédé une partie du fief de Vogüe en Vivarais, et a été maîtresse de la baronnie diocésaine de Vertamise, en Velay). Elle a eu deux frères : 1° le baron Paul, avocat, marié en 1878, à Anna Méhier (dont Mᵐᵉ Eugène Gairald de Sérézin) ; 2° le baron Eugène, marié en 1885, à Héloïse de Granoulhet du Chambon (d'où le baron Louis, marié à Renée Vimal du Bouchet, dont postérité). Sa sœur est Mᵐᵉ Edmond Labbé.

(1) Arch. de l'auteur.

(3) Sœur du comte Jules-Eugène, marié en 1828, à Émilie Boidin, dont : 1° le comte Jules (1850-1912), marié à Mˡˡᵉ Colas de Chatelperron, d'où postérité ; 2° le vicomte Gustave, colonel de cavalerie, marié à Mˡˡᵉ Hennet de Bernoville (veuve de M. Hennet de Goutel, dont Étienne).

Place (1683); Albanel, des seigneurs de la Duchère (1725); de Vidaud de la Tour de Montbives (1763); de Murard (1796); de la Croix-Laval (1831). De ce mariage, naquirent : 1º le comte Emmanuel (1834-1914), marié en 1860, à Ludovic de Jerphanion, dont postérité ; 2º Amédée (1836-1894), marié en 1860, à Marthe Bouchet, dont la comtesse Richard de Soultrait ; 3º Jules (1838-1901), marié en 1868, à Suzanne Aubel ; 4º Paul, marié en 1866, à Adèle de Pomey de Rochefort, sa belle-sœur ; 5º le comte Louis-Régis, marié le 26 juin 1867, à Marguerite de Pomey de Rochefort (1), dont : A) Joseph, marié en 1896, à Hélène Ruffier d'Espenoux ; B) Valentine, dame du Cénacle ; C) Pauline, mariée en 1897, à Hubert Le Conte ; D) Louis qui, veuf de Mathilde de Mazenod, épousa Hélène de Masson d'Autume ; E) Pierre, né le 12 déc. 1875, marié à Germaine de Jourda de Vaux, dont Renée ; F) Paul, marié à Madeleine de Galery de la Servière, dont postérité ; G) Suzanne, mariée en 1904, à Georges de Fornoux-la-Chazeges ; H) Bernard, tué à l'ennemi, laissant postérité de son mariage avec Agnès Dareste de Saconay; I) Antoine, veuf de Louise de Boissieu ; J) Élisabeth, dame du Cénacle; K) Raoul ; L) Adèle, mariée le 7 juin 1918, à Reymond Delacour, châtelain de Vaunac (Haute-Loire).

Note 32. — ROCHE DE LONCHAMP (DE) (Lyonnais).
Voy. page 27.

Dix degrés de la généalogie de cette maison nous sont connus. Au premier figure Bernard Deroche, mort en 1555, laissant de Louise Coppet : Ponthus, qui continua la lignée par suite de son mariage avec Anastasie Cuchet. Ses descendants (en ligne directe) contractèrent alliance avec les familles : Bourbon, de Meaulx (1684), Pâtissier de Ruyère (1716), Pocquillon Carret de Sanville (1752), Roux de Saint-Céran (1783), Bedos (1819), qui suit : Léonard, dit Léon, de Roche de Lonchamp (1787-1868), conseiller à la Cour royale de Lyon, démissionnaire (1830), épousa le 1ᵉʳ mai 1819, Célanire-Antoinette-Catherine Bedos, fille de Jean, et de Céleste Dolley, dont : 1º Charles-Jules-Gabriel (1826-1899), marié le 20 janv. 1875, à Mlle de Monspey, dont postérité ; 2º la comtesse des Garets ; 3º la comtesse du Peloux de Praron ; 4º Mme de Chazotte de Clavière ; 5º la vicomtesse Marie-Charles Jourda de Vaux de Foletier (2).

(1) Benoît de Pomey, seigneur de Rochefort, marié en 1603, avec Charlotte de Thélis, était échevin de Lyon. En 1835, Hippolyte, l'un de ses descendants, s'alliait à Pauline Ravel de Malval (dont la mère était née Baboin de la Barolière), d'où : 1º Adèle, mariée en 1866, à Paul de Varax ; 2º Gabrielle, mariée en 1872, à Louis-Joseph-Élysée de Fraix de Figon.

(2) H. de Jouvencel, loc. cit., etc.

Note 33. — Rochenégly (de la, ou de la Roche-Négly) (Auvergne). (1) Voy. pages 14, 18.

Originaire de la Roche (d'où son ancien nom : *de Ruppe : de la Roche*), près Saint-Berain, cette race chevaleresque était représentée en 1872 par la supérieure générale des Dames de la Retraite à Paris. Celle-ci était de la branche restée en Auvergne. De la branche des seigneurs de Chamblas en Velay, fut noble Gilbert, marié en 1350, à N. de Chamblas, dont postérité alliée (en ligne directe) aux : de Gazelles (avant 1444) d'Espaly (avant 1492), Béraud (1518), de Chapteuil (1556), de Roiran (1599), du Moulin de Pélissac, de Drossanges, N., Daurier

(le 24 nov. 1726, Marie-Anne Daurier épousait Alexandre de la Rochenégly, seigneur de Chamblas, dont postérité éteinte en 1835, dans les Vilhardin de Marcellange ; 2° *Marie-Magdeleine*, femme de *Claude de Jourda de Vaux*, écuyer.

De cette famille, fut Gabriel-François de la Rochenégly (1757-1793), qui se distingua dans l'armée du général de Précy, au siège de Lyon. Il était connu sous le nom de général *Rimbert*. Arrêté, il fut fusillé.

Note 34. — Rodde de Saint-Haon (de la) (Gévaudan) (2). Voy. page 12.

Barons des États de Languedoc et des États de Velay, les de la Rodde, éteints, ont eu leur nom relevé par les de Longeville, en Bourgogne (1857).

Dès Pierre de la Rodde (*de Rota*), chevalier, seigneur de la Rodde, en 1231, la filiation se trouve dressée. Sa descendance directe s'allia aux : Béraud ; N. (deux alliances inconnues), Motet (1343), de Fayet, N., de Caissac, N., Guitard de Saint-Privat-d'Allier (1514), de Freycenet ou de

(1) L. de la Roque, *loc. cit.*, etc.
(2) L. de la Roque, *loc. cit.* ; etc.

Sinzelles (1554), Arnaud d'Auteyrac (1599), Dentil ou d'Entil (1620), Barnier (1666), de Boulindraud de Masclaud (1691), de Fay de la Tour-Maubourg (1715), puis : de Puech (1723). De cette dernière alliance, vint : le comte de Hyacinthe-César, colonel de cavalerie, marié le 8 janv. 1768, à Thérèse-Guillemette Perié, fille unique d'un capitoul de Toulouse, et de Marie Rolland, dont quatre filles (*la comtesse de Jourda de Vaux en fut du nombre*, ainsi que Mme d'Anglars).

Note 31. — Rosier (du) ou du Rozier (Forez) (2). Voy. page 19.

En 1492, Honoré Rodier (qualifié noble) était capitaine et châtelain de Feurs. Son fils : II noble Jean Rosier, remplit le même office (dès 1523) : III noble Jérôme Rosier, conseiller du Roi, ép. Isabeau Chabrier, dite Orvy (des barons d'Agrain) : IV noble Jacques du Rosier, président de l'Élection de Forez, ép. p. c. du 6 juil. 1592, Magdeleine de la Veuhe : V Noble Jacques, ép. Catherine de Lingendes : VI Arnould, premier conseiller au bailliage de Forez, ép. le 11 août 1628, Antoinette Badol : VII Gaspard, écuyer, ép. Françoise Martinet : VIII Claude-François, écuyer, ép. le 19 juin 1696, Marie-Claudine Grozelier : IX Jean-Antoine-François, chevalier (1697-1762), ép. Jeanne-Françoise-Gervaise Charrier : X Marie-Guillaume, chevalier, ép. le 25 août 1761, Marie-Benoîte Bernou de Rochetaillée, morte en 1828, laissant : 1° Jean-Baptiste, qui suivra; 2° *Jean-François-Lucien, époux de Jeanne-Marie-Henriette-Irène de Jourda de Vaux*, dont : Mme Fournier ; — Césarine, dame de Saint-Joseph, à Saint-Étienne ; — Henriette, religieuse visitandine, à Lyon ; 3° Jeanne-Marguerite-Angèle, qui veuve de Louis-Raymond du Bouchet, épousa Hubert Souchon ; 4° Mme Chassain de Marcilly. X J.-B. François-Théodore, chevalier, premier page de S. A. R. la Comtesse d'Artois, ép. le 15 déc. Mlle Michon de Vougy : XI Jean-Théodore (1793-1855) anc. député de la Loire, ép. Mlle de Rivérieulx de Chambost, veuve du baron de Brosse.

Note 36. — Rousselière-Clouard (de la) (Normandie). Voy. page 20.

I François de la Rousselière-Clouard ép. Jeanne de Beaudry : II Jean-Marie-Jacques, lieutenant-colonel d'état-major, chevalier de Saint-Louis, combattit en Vendée, en qualité d'aide de camp des généraux de Dresnay et de la Roirie, ép. en Angleterre, le 5 sept. 1799, Hélène-Gilette-Marie de Lattre (nièce de Mme de L'Isle-Beauregard, sous-gouvernante de LL. AA. RR. les ducs d'Angoulême et de Berry), morte en 1832, âgée de 51 ans. Il mourut en 1833, âgé de 75 ans, laissant : 1° *Louise-Hélène-Félicité, comtesse Charles de Jourda de Vaux*, née à Londres, le 5 nov. 1801 ; 2° Amédée, qui suivra ; 3° James, préfet honoraire du deuxième Empire, commandeur de la Légion d'honneur, mort le 2 mars 1890, dans sa 87e année, ép. Théonie Pillault de Bit, morte à Paris, le 6 août 1899, dans sa 89e année : *a)* Reine (1839-19 avr. 1911), s. all.; *b)* Henri, anc. sous-préfet, décédé le 4 juin 1898, dans sa 57e année, ayant épousé en premières noces, Dolorès N. ; et en deuxièmes noces, Marie Brochard (veuve de Louis de Lacombe, dont Fernand), décédée le 19 oct. 1893, dans sa 43e année; 4° Eléonore (1810-18 avr. 1894), mariée à Louis-Sylvain Vasseur, anc. consul ; 5° Frédéric (6 févr. 1813-20 sept. 1893), né à Londres, mort à Saint-Aubin près Elbœuf, capitaine d'infanterie en retraite, chevalier de la Légion d'honneur,

(1) H. de Jouvencel, *loc. cit.* ; etc.
(2) Abbé Theillère, *loc. cit.*, première livr. ; *Lettres de faire part*; etc.

titulaire de la médaille d'Italie et de celle de l'Ordre Pie IX; marié à Liège, le 18 août 1851, à Maria Bellefroid (24 mai 1826-1er nov. 1890), fille de N., banquier, et de N , baronne de Villenfagne de Vigelsanck, dont : A) Maurice, né le 27 nov. 1852, avocat de la Cour d'Appel de Paris(1875), docteur en droit (1878), lauréat de l'Académie française, ordonné prêtre (4 juin 1822); B) Berthe, mariée le 12 août 1884, à Louis Biolley, fils de Thomas-Gabriel Biolley, de Verviers, et de Marie Tanera, dont une fille : Odette, décorée de l'Ordre Pro Ecclesia et Pontifice (juill. 1917). III Le baron Amédée, ancien capitaine du corps d'État-major, démissionnaire, officier de la Légion d'honneur (1863), ép. en 1836, Zoë de Floën-Adelerona, décédée à Liège, le 21 nov. 1866, âgée de 58 ans, et fille unique du baron Pierre-Jean-François, chambellan du Roi des Pays-Bas, et de Marie-Victorine-Cécile-Joseph Thiriart, de Mützagen, et mourut à Liège, le 13 mai 1872, dans sa 68e année, laissant : 1° Arthur, qui suivra; 2° le baron Gaston (1), chevalier de Saint-Grégoire-le-Grand, décédé à Liège, le 9 mars 1917, ayant épousé, le 10 juin 1867, Louise, comtesse de Robiano (1843-1874), dont : A) Emmanuel (1er janv. 1869-21 juil. 1870); B) Marie, s. all., décédée à Liège, le 8 avr. 1906, à 35 ans : IV Arthur, baron de la Rousselière.

Clouard, châtelain de Fayenbois, près Liège, ép. : 1° en janv. 1871, Nadine Haritoff, décédée le 1er nov. 1877, laissant une fille unique : Nadine, châtelaine de Fayenbois (de Breux-Liège), mariée le 23 avr. 1901, au comte Guillaume de Rohan-Chabat, officier de cavalerie, fils du comte Charles-Guy-Fernand, et de Marie-Auguste-Alice Baudon de Mony, dont postérité; 2° Isabelle, baronne Beyens, fille du Ministre plénipotentiaire de Belgique à Paris.

Note 37. — SAINT-GERMAIN (DE) (Dauphiné). Voy. page 9.

De cette famille, qui a possédé en Dauphiné, les seigneuries de Mérieu et de Champes, furent : Geoffroy de Saint-Germain (1244); — Guichard, châtelain delphinal de Beaurepaire (1267); — Jacques, qui fut témoin en 1316, à un hommage rendu au dauphin Jean; — Aymar, consul de Varey (1325); — autre Aymar, de Quérieu (1450); — Antoine (fils du précédent), qui testa en 1501, laissant d'Aymare de Vachon : Antoine, marié à Sébastienne de Grolée (dont : 1° Aymar, marié à Antoinette Pourroy, dont : 1° Pierre; 2°-5° Antoine, Claude, François, Maurice, chevaliers de Saint-Jean de Jérusalem); — Antoine, seigneur de Champes, marié à Louise de Seitre-Caumont, d'où Marguerite, femme de Gaspard de Flotte (qui testa le 21 avr. 1642); — Méraude de Saint-

(1) Il fut mon parrain et mon bienfaiteur. Je me fais un devoir de le rappeler ici.

Germain de Champes, femme de Jacques de Gautheron, seigneur d'Harlière, dont une fille : Hélène, mariée le 1ᵉʳ août 1643, à Jacques de Saint-Germain, seigneur de la Villette ; — Marianne de Saint-Germain-Mérieu, qui épousa, le 8 sept. 1698, Claude-Joseph de Pourroy de Lauberivière de Quinsonnas ; — Robert de Saint-Germain-Mérieu, gouverneur de Romans (1757) (1).

Note 38. — Snoy (Gueldre) (2). Voy. page 22.

Par lettres patentes en date du 2 mars 1633, Philippe Snoy, attaché à la personne de l'archiduc Albert, était créé chevalier. Un diplôme du 22 mars 1664 conférait le titre de baron d'Oppuers à Charles Snoy. « Diderich » Snoy, amiral du Zuidersée et gouverneur de la Nord-Hollande, s'était signalé au cours des guerres de religion, sous le règne de Philippe II.

Cette maison compte parmi ses alliances les : Van der Gracht, Cornet du Grez, de la Croix de Chevrières de Sayve, Desmanet de Biesme, de Woëlmont, de Robiano, de Cauvigny.

Georges, baron Snoy, marié le 10 oct. 1871, à la comtesse Alix-Marie du Chastel de la Howardries (fille du comte Henri, et d'Octavie d'Herlincourt), est né à Paris, le 21 mars 1844. Ses enfants sont : 1° la comtesse Henri de Limburg-Stirum ; 2° la comtesse Frédéric Van den Steen de Jehay ; 3° la comtesse *Charles de Jourda de Vaux* ; 4° la baronne Berthe, chanoinesse de Saint-Augustin, à Bruges ; 6° le baron Reymond Snoy, officier d'artillerie, décoré de la croix de guerre.

Note 39. — Terrasse de Chabanoles (Velay) (3). Voy. page 13.

La filiation de la branche aînée de cette famille est établie depuis : I Valentin Terrasse qui, lieutenant de la baronnie de Roche-en-Régnier (1515), devint seigneur de Chabanoles, par son mariage avec Anne-Thérèse de Chabanoles : II Hector, écuyer, ép. Jeanne Périsse, et testa le 11 avr. 1545, laissant : III Pierre de Terrasse, écuyer, ép. : 1° le 4 oct. 1565, Béatrix du Boys, dont Jacques qui suivra ; 2° Isabeau de Vèze, dont Tannequin, tige de la branche dite des Breux. IV Jacques, écuyer, ép. Huguette « de Clausole » et testa le 3 févr. 1586, laissant : V Jean, écuyer, ép. le 6 mai 1613, Antoinette Pascal, fille de noble Lanscelot, seigneur du Pertuis : VI François, écuyer, ép. le 14 juil. 1637, Marguerite de Morel de la Colombe, fille de noble Jean, seigneur de la Chapelle, et de Louise d'Ouvrelœil de la Barbatte, dont : 1° Jean, écuyer, seigneur de Chabanoles, marié en 1679, à Jeanne de Polaillon, fille de noble Claude, baron de Glavenas, et de Jeanne de Sanhard, et mort s. p ; 2° Marguerite qui, veuve de noble Louis de Fonton, ép. noble Benoît de la Faye, puis Jacques Borie : 3° *Jacqueline*, dame de Chabanoles, mariée p. c. du 3 juil. 1683, à noble *François Jourda de Vaux*, dit *du Fraisse*.

Note 40. — Tricaud (de) (Lyonnais) (4). Voy. page 28.

La généalogie de cette maison comporte 14 degrés ; au 1ᵉʳ figure : Pierre Tricaud qui, notaire à Thizy en 1437, épousa, présume-t-on, N. Navay. Citons les alliances contractées en ligne directe, par ses descendants : Namy, N., N., Gayant, Giraudon, Mathieu (?) ; Bérerd ; de Rochefort (1583) ;

(1) G. de la Bâtie, *Armor. du Dauphiné*.
(2) Comm. du baron de Woëlmont, attaché à la Légation de Belgique à Berne (1918).
(3) Abbé Theillière, *loc. cit.*, I.
(4) Comm. de M. Emile Salomon, etc.

de Montfalcon (1618); Clémençon; de Riccé; d'Oncieu (1634); de Guillon (1683); de Lhermite (1719); Dutour-Vuillard (1754); Dujat (1796). De cette alliance naquit le comte Pierre-Aimé-Adolphe de Tricaud (1797-1872), marié en 1824, à Adélaïde du Marché, dont : 1° le comte Joseph-Marie-Léopold, marié en 1853, à Mlle de Lestrange ; 2° le comte Abraham-Marie-Gustave (1827-1895), marié en 1856, à Mlle de Vergnette de Lamotte, fille du vicomte Gérard-Elisabeth-Alfred, et de Jeanne-Henriette Nodot, dont : 1° le comte Jean-Gérard-Marie-Henry, marié en 1895, à Mlle Méaudre, dont postérité; 2° Mme Le Clerc de Juigné de Lassigny ; 3° *la vicomtesse Régis Jourda de Vaux de Foletier* ; 4° Mme Lemeau de Talancé ; 5° Mme de Masson d'Autume ; 6° Mme de Menthon d'Aviernoz.

Note 41. — VERDELHAN DES MOLLES (DE) (Bas-Vivarais) (1). Voy. page 25.

Avant 1376, Pierre Verdelhan épousait Tiburge d'Espinasson, dame de Merveilhac. Antoine, leur arrière-petits-fils, s'alliait, en 1563, à Marguerite Peredes, dont : 1° André, qui continua la branche aînée ; 2° Pierre IV, auteur (?) de la branche des seigneurs des Molles, lesquels ont contracté alliance avec les maisons : Planque (1608), du Mas, de Teule des Combaux (1707), Canonge (1733), etc.

Charles-Léon de Verdelhan des Molles, de Langogne, épousa Mlle de Quinsart d'Espradels, fille d'Alexandre, dont : *Albert*, marié à *Marie Jourda de Vaux de Foletier*, d'où : René, marié à Cécile Colombet de Landos, fille d'Anatole, et de N. de Daron, d'où 7 enfants ; 2° Paul, marié à Pauline Peters, dont postérité ; 3° Cécile, dame de Mercoire, s. all. ; 4° Marthe, mariée à Ludovic de Sonelhat de Fontalard ; 5° Madeleine, s. all.

Note 42. — VERON OU DE VERON (Haut-Vivarais). Voy. page 8.

Cette famille se trouve encore représentée par : 1° Théodore Véron de la Combe, marié en 1880, à Marie Vialleton, d'où : 1° Norbert, Albert et Marcel ; 2° Mme Gustave Chaland ; 3° Henri, marié à Marie-Vitaline Hiver. Leur père était Norbert de Véron de la Combe ; et leur mère, Constance Chemain.

I Pons de Véron, établi à Saint-Bonnet-le-Froid, à la suite de son mariage avec N. Monteyremard : II Gabriel ép. Élisabeth Chambe : III François de Véron du Fanget, écuyer, ép. le 17 mars 1606, Catherine Perret, dont : 1° Thomas, qui suivra ; 2° Jean, tige du rameau dit de la Combe. IV Thomas, écuyer (1617-1700), seigneur de Saint-Julien-Molhesabate, ép. le 29 oct. 1651, Blanche de la Franchière, fille de Gilles, écuyer, et d'Antoinette de Giraud, dont : 1° Anne-Marie. qui ép. vers 1685, Claude-Thomas Exbrayat de Créaux, écuyer, fils de Jean, et d'Isabeau ou Sabine de Pastural de Beaux : V Jean-François, écuyer, co-seigneur de Marnas, etc., chevalier de Saint-Louis, ép. le 8 août 1701, Louise de Banne de Boissy, fille de Louis, écuyer, et de Suzanne de Baud de Mercoux, dont : 1° Isabeau, femme du seigneur du Roure du Mazel ; 2° Jean-François, marié en 1735, à Agnès-Marie de Romanet, fille de Just-Louis, baron de Beaudiner et des États de Velay, dont : a) *Jean-François*, écuyer, officier au régiment de Provence, marié le 11 sept. 1785, à *Marte-Antoinette Jourda de Vaux de Chabanolle*, 2° Jean, qui continua la lignée.

(1) De Saint-Allais. *Nob. Univ.*, etc.

Note 43. — Veyre de Soras (Vivarais). Voyez page 19.

Cette famille était connue à Boulieu (Vivarais), dès l'an 1480. Le 11 oct. 1672, Siméon Veyre (fils de Barthélemy et de Marie de Cholat de Jame; et petit-fils de Guillaume Veyre, marié avant 1579, à Loyse de Fornier), acquit la terre de Soras. De Madeleine Guérin, il laissa postérité alliée

aux : Primet (1694), Fournat (1737), de Monlong (1767). Citons comme étant nés de cette alliance : MM^{mes} de Morlas, *de Jourda de Vaux*, de Mercier de Malaval; et Henri-François Veyre de Joras, marié en l'an VII, à Mlle Johannot, dont : 1° Gabriel, qui suivra; 2° Frédéric, marié en 1850, à Noémie Grangier, dont : Louis, marié en 1876, à Marguerite Coste (dont Mme Louis de Parisot de la Boisse; — Henri).

Gabriel-François-Barthélemy Veyre de Soras (1799-1873), anc. garde du corps de Monsieur, ép. le 14 mai 1821, Jeanne-Adélaïde Barou de la Lombardière de Canson, d'où : 1° François-Alexandre-Arthur-Alfred (14 nov. 1836-29 mars 1876), marié le 18 avril 1861, à Appollonie-Charlotte-Marie Peillon, dont :

A) Régis (1869), ingénieur civil des mines, marié le 16 avr. 1896, à Suzanne Marion, d'où : a) Yvonne; b) Alfred (1899); c) René (1900); d) Bernard (1902); e) Anne; f) Chantal; g) François (1908); B) Joseph (1872), officier de cavalerie, chevalier de la Légion d'honneur, décoré de la Croix de guerre, marié le 20 avr. 1899, à Marthe Pasquin de Franclieu, dont : a) Marie-Josephe; b) Jacques (1902); c) Jean (1903); d) Gonzague (1905); e) Gabriel (1907); f) Nicole (1909); g) Bruno (1910); h Marie-Thérèse; i) Marie-Françoise-Marthe, mariée le 27 juin 1898, à Gabriel-Adolphe-Marie-Jean de Sanhard de Sasselange, baron de Jerphanion, marquis de Sasselange.

APPENDICE

LETTRES D'ANOBLISSEMENT
DONNÉES PAR LOUIS XIV
(MAI 1678) (1)

ouis par La Grace de Dieu, Roy de France et de Navarre à tous présent et advenir
« salut comme nous ne pouvons donner de récompense qui doibvent estre plus
« estimées par ceux qui nous ont rendu leurs services avec fidélité et affection et qui
« se sont signalés par des actions louables et vertueuses, que de les élever par quelque
« marque d'honneur au dessus du commun et sachant qu'il n'y en a point qui excite davantage
« les hommes à la vertu et à servir leur Prince et leur Patrie que celles qui passent à la postérité
« et qui laissent à leurs successeurs un sujet d'émulation pour mériter une pareille grâce et le
« mesme rang, nous avons estimé que nous ne le pouvons desnier à la vertu et aux bonnes et
« louables qualités de nostre bien aimé Jean Jourda sieur de Vaux, de la province de Languedoc et
« que bien informé qu'animé par le sang d'une honneste naissance et esducation et d'un cœur plein
« de zelle et d'ardeur pour nostre service, il a pris un soing sy particulier d'eslever ses enfants
« dans la même vertu et inclination à nous servir, qu'a peine Noel, François et Laurent Jourda
« de Vaux ses trois fils ont heu la force de porter les armes que, c'estant mis dans nos trouppes,
« ils ont fait cognoistre qu'ils n'avoient rien de plus recommandable que l'honneur de nous rendre

---

(1) Arch. dép. de la Haute-Loire, B. vol. 33 ; — *Nouveau d'Hozier*, mss. (Bibl. Nle). 194.
Ces lettres furent enregistrées à la Cour des Aides de Montpellier, le 26 août 1679, « à la charge de payer la somme de 9 livres à l'hôpital de cette ville (Bibl. Nationale, Cabinet des titres).

« service. S'estant tellement fait distinguer et cognoistre pour grands de cœur et de conduite que
« dès l'année 1673, Noel l'aîné mérita une lieutenance dans le régiment de Condé ou il a depuis
« rendu ses services en tous les sièges, batailles et rencontres qui se sont offertes dans le com-
« mandement de nostre très cher cousin le prince de Condé et de nos cousins les maréchaux de
« Luxembourg et de Crégny, notamment au siège de Maestricht, à la garde du canon où il fut
« blessé d'une volée de canon à la cuisse, son cheval emporté sous lui, à la bataille de Senef,
« blessé d'une mousquetade à la jambe et fait prisonnier aussi estant en party a minore par un
« party de Namur ce qui auroict si par reffroidy son courage qui n'a point désemparé et sera
« encore actuellement ; François Jourda, son frère ne s'estant pas moins signalé au siège de Phi-
« lippsbourg, où detaché en party, il reçut une mousquetade à la tête et au siège de Frisbourg
« où il a esté aussy blessé d'une mousquetade à la main et en plusieurs autres occasions impor-
« tantes où il a donné des preuves de son intrépidité de même que Laurent, son troisième fils
« estant cadet dans le régiment de Champagne où il a fini ses jours, mettant leurs services en
« considération et voulant augmenter, de nous les continuer, de notre certaine science, grâce
« spécialle, pleine puissance et authorité royalle, nous avons par ces présentes signées de notre
« main, le dit Jean Jourda sieur de Vaux ses enfants et postérité nais et à naistre en loyal mariage
« annobly et annoblissons et du titre de gentilhomme décoré et nous voullons et nous plait qu'en
« tous lieux et endroits tant en jugement que dehors il soit tenu et réputé noble et gentilhomme
« et comme tel prendre la qualité d'escuyer et parvenir à tous degrés de chevallerye et autre.
« dignités titres et qualités... »

« ... Donné au camp de Leeve au mois de may de l'an de grâce 1678 et de notre règne le 36ᵉ

LOUIS.

Par le Roi : Phélipeau ».

Autographe du M^{al} de Vaux

Cliché exact de l'original.

Lettre au baron de Pélissac du 30 novembre 1782

QUELQUES EXTRAITS DE LA CORRESPONDANCE DU MARÉCHAL

N 1783, le comte de Vaux écrivait à M. de Portalès : « Vous devez vous souvenir de « l'ignorance de toute l'armée lorsque nous entrâmes en Italie. Quoiqu'on n'ait à « présent dans les troupes que le goût des plaisirs et un très grand éloignement « pour la guerre, on doit cependant y porter quelque remède par les instructions et « par la prescription des objets qui nous corrompent. Les camps en sont les « seuls moyens si on les fait durer quatre mois, si on retranche le luxe des tables et si on trouve « ceux qui sont capables de les commander (1). »

« Je ne veux pas, Monsieur, que vous pressiez personne pour le paiement du doublement de « cens, à cause de la misère du peuple. » (Thionville, le 27 janv. 1767 (2)).

« Vous pouvez, Monsieur, faire grace du quart du doublement de cens à ceux qui paieront, cette « année, et, ne presser aucun de ceux qui ne seront point en état de paier. Je ferois mesme « volontiers grace du tout à ceux qui n'ont pas assés de pain pour nourrir leurs enfans, car absent « comme présent, je ne demande que les occasions de soulager mes Emphitiotes qui se compor- « teront bien envers moi et envers li public. Je voudrois avoir pu faire une aumone plus consi-

---

(1) Mais le Maréchal ne se flattait pas que ses conseils soient suivis, car il ajoutait : « Je ne suis pas surpris de « l'improbation et peut-être du ridicule que l'on donne aux propositions des choses utiles. Le siècle de la frivolité « ne saurait être celui des qualités guerrières. Ne résistez point lorsqu'on combattra mes idées. J'ai une humilité « militaire assez semblable à celle que donne la religion ». (Truchard du Molin, loc. cit., 198, 199).

(2) Cette lettre et les suivantes traitant d'affaires sont généralement adressées à M. Valicon, régisseur du Maréchal, à Roche-en-Régnier et à Vaux (Arch. dép. de la Loire, papiers Chaleyer).

« rable et contribuer davantage au soulagement des pauvres... » (Thionville, le 24 avr. 1767, ibid.).

« Je ne desire pas de connoitre ceux qui donnent des conceils a mes amphitiotes, je souhaite
« qu'ils soient conformes à leurs interets, — quand meme ils seroient contraires aux miens ; aïes
« grande attention que le garde fasse son devoir, et qu'il ne néglige rien pour prendre des bestiaux
« dans cette forêt [de Mionne], et surtout des chevres et des moutons...

« Je veux que les Amphitiotes conduisent la pierre (destinée à une digue pour un étang), une
« journée de corvée de chaux sufira, et c'est bien le moins que je puisse leur demander uns corvée
« dans 30 ans, m'en devant une chaque mois. » (Thionville, 19 juil. 1767, ibid.).

« Je désire fort la diminution du bled pour le soulagement des pauvres, mandés moi, s'il y a
« des necessiteux dans ma terre [Roche], et les secours dont ils peuvent avoir besoin... Vous
« faites bien d'atendre que les paisans ne soient plus occupés des biens de la campagne pour les
« employer à reparer le chemin de la Côte de Roche... Je donne des regrets à M. Pons, mais il
« faut que chacun finisse sa tache ».

« Je ne veux pas Monsieur de garde qui ne soit catholique afin que ses raports ne soient pas
« contestés. Mon intention est de ne mêler en aucune circonstance nulle supercherie dans les
« afaires. Il y a des gens de chicane qui sauront bien les relever. Il n'est pas dans mon caractère
« de leur en donner la peine, conformons nous aux Lois et aux ordonnances. Ainsi si le garde
« continue d'être malade tachés de m'en procurer un autre, mais en atendant faites garder les bois
« par son frere et paiés au malade ses gages comme auparavant. Il doit avoir besoin de ce
« secour. »

« Il etoit tres nécessaire de faire assigner ceux qui refusoient les corvees qu'ils doivent. S'ils
« continuent de faire les mutins, à « mon retour à Vaux, j'en exigeroi douze chaque année.
« Levés du doublement de cens ce que l'on voudra païer, mais ne pressés personne. J'atendrai
« une meilleure année pour exiger absolument ce qui me sera dû... »

« J'ai reçu Monsieur la lettre que vous m'avez écrite en datte du 30 du mois dernier par laquelle
« vous m'informés de la vente que vous avés faite des diférents grains. J'aprouve avec plaisir
« que vous avés reservé deux cents cartons de seigle pour etre vendus seulement aux habitants de
« la terre [de Roche], faites un bon marché à ceux qui sont pauvres de dix sols par carton. Donnés
« le temps que vous jugerés à propos pour le paiement de l'amende, je veux conserver mes bois,
« mais il me fache de faire des frais. » (Paris, le 5 juin 1771 ; ibid.).

« Je vous ai mandés par ma dernière lettre du 5 de donner le soigle a dix sols meilleur marché
« aux pauvres par an, si vous le jugés à propos (Paris, le 14 juin 1771 ; ibid.).

« J'ai reçu Monsieur, la lettre par laquelle vous m'informés qu'on a voulu incendier la forest
« de Mione, qui m'apartient, et que le feu n'a consommé, que les feuilles qui etoient au pied des
« arbres. Les habitants de Mans et de Roche sont tres méchants, et tres injustes, a mon Egard,

« Cependant j'exige d'eux moins, que ce qu'Ils me doivent. Je me propose de leur faire les
« corvées, afin qu'ils connoissent lyndulgence, que j'ai eüe jusques a présent. Ils doivent sentir
« aussi celle de n'avoir pas demandé le second doublement de cens, pendant que le bled a été tres
« cher. Les méchants sont toujours ingras... » (Paris, le 22 juin 1772 ; *ibid.*).

« ... Il netoit pas juste de faire donner six francs au garde par l'homme de Mans dont les
vaches netoient pas entrées dans le Bois. Il faut les retenir sur la premiere amande que le garde
recevra et les rendre au paysan. » (Paris, le 7 oct. 1772, *ibid.*).

TABLE DES FAMILLES
CITÉES DANS LA PREMIÈRE PARTIE

Abrial	5	Champanhac	5
Agulhac de Soulages (d')	11, 47	Changea ou Changeat	5
Alibert	5	Charbonnel (de)	27, 51
Armandon	12	Charrier	9
Aubert	14	Chassaigne de Sereys (de la)	14
Baile ou Bayle de Martinas	16	Chastel de la Howardries (du)	22
Barthélemy	21, 48	Chaumont	17
Basset	23, 29	Chovelon	15
Beauchamp-Pastel (de)	29	Collangettes	15
Beaud ou Baud de Brive	25, 48	Colomb de la Tour (de)	16, 52
Bédos	27	Colombet	29
Beignard	17	Colon	24
Benod	17	Constant (de)	25
Benoit (de)	16, 49	Courbon de Montviol	21
Berger	17	Courrèges d'Agnos (de)	27, 52
Bernard de Vertaure	9, 49	Daurier ou d'Aurier	16
Bernou de Rochetaillée	19	Debicki	20, 53
Berthier de Grandry	26, 50	Descours	25
Biousse	17	Ducasse de Horgues	27
Bolot d'Ancier	25	Dufau	15
Bonnenfant	21	Duon	9, 10, 54
Bonnin de la Bonninière de Beaumont	28, 50	Dupy	27
Boyer de Sugny	25	Exbrayat du Bouchet	10
Buffière (de)	11	Exbrayat du Créaux	10, 54
Cardi de Sansonnetti	15	Fau	7
Chalendar (de)	8, 50	Faure (du)	9

Favier	15, 17	Pauw (de)	22
Fayet (de)	8	Périé	12
Fougières (de)	12	Périer	5, 9
Frevol d'Aubignac de Ribains (de)	21	Perret	5
Fugy (de)	27	Peyroche	29
Garat	24	Pinhac (de)	9, 63
Gaveau	20	Plantade ou de Plantade	21, 63
Giband	21, 55	Polin	5
Gibert de Chazotte	7, 55	Pomey de Rochefort (de)	22
Gignoux	15	Porte (de la)	11
Girard de Montméa	6, 56	Poulhe	21
Gonidec de Kramel (Le)	20	Puech	17
Goyon (de) ou de Goyon	19, 57	Quatresols de la Motte de Cheney	25
Gravier de Vergennes	25, 57	Quinsart d'Espradels	25
Irumberry de Salaberry (d')	12	Ranscelot	22
Jerphanion (de)	24, 57	Richard	24
Lac (du)	8, 58	Richard de Ribains	21, 64
La Mure (de)	25, 59	Richard de Beaumefort (de)	26
Lamic ou Lamyc	10	Rivérieulx de Varax (de)	22, 64
Lattre (de)	20	Roche (de la)	8
Lemoyne de Vernon	21	Roche de Lonchamp (de)	27, 65
Licieux de Parand (de)	16	Rochenégly (de la)	15, 18, 66
Limairac (de)	26, 59	Rochier	8
Malègue	15	Rodde (de la)	12, 66
Mathieu	15	Roland de Ravel	24
Mathon	5	Rony de la Bruyère	24
Misonne	22	Rosier (du) ou du Rozier	19, 67
Molin (du) ou du Moulin du Pont	5, 6, 60	Rousselière-Clouard (de la)	20, 67
Monaco (Le P^{ce} de)	1	Saint-Germain (de)	9, 68
Monate	14	Sanallier	5
Monet	17	Sellière	5
Monlong	19	Snoy	22, 69
Montagne	17	Tardy de Pleney	9
Morandin (de)	9	Terasse de Chabanolles (de)	13, 69
Moré-Pontgibaud (de)	12, 60	Testonnière	15
Morel de la Colombe (de)	14, 21, 61	Teyras	12
Morgues de Saint-Germain (de)	21	Thomé	23
Motte-Baracé (de la)	28	Torrenc (de)	8
Nadi	17	Tricaud (de)	28, 69
Néron	20	Triollenc	8
Neyron	5	Usson	14
Nicolas des Ollières	29	Vauborel (de)	11
Odde de la Tour du Villard	27, 62	Verdelhan des Molles (de)	25, 70
Pascalon	8	Vergnette de Lamotte (de)	28
Pastural de Beaux (de)	8, 62	Véron ou de Veron	8, 10, 70
Pautud	29	Veyre de Soras	19, 71

www.ingramcontent.com/pod-product-compliance
Lightning Source LLC
LaVergne TN
LVHW050607090426
835512LV00008B/1383